把工作折腾成
你想要的样子

郑和生 编著

吉林出版集团股份有限公司

图书在版编目（CIP）数据

把工作折腾成你想要的样子 / 郑和生编著. — 长春：吉林出版集团股份有限公司, 2018.7

ISBN 978-7-5581-5223-8

Ⅰ.①把… Ⅱ.①郑… Ⅲ.①工作方法 - 通俗读物 Ⅳ.①B026-49

中国版本图书馆CIP数据核字（2018）第134147号

把工作折腾成你想要的样子

编　　著	郑和生
责任编辑	王　平　史俊南
开　　本	710mm×1000mm　1/16
字　　数	240千字
印　　张	17
版　　次	2018年10月第1版
印　　次	2018年10月第1次印刷
出　　版	吉林出版集团股份有限公司
电　　话	总编办：010-63109269
	发行部：010-67208886
印　　刷	三河市天润建兴印务有限公司

ISBN 978-7-5581-5223-8　　　　　　　　　　定价：45.00元

版权所有　侵权必究

前言

在竞争激烈的现代社会，工作是我们生活中非常重要的一部分。我们一天至少有8个小时坐在上班的地方，头脑中超过8个小时想与工作相关的事情。一天只有24个小时，除去吃饭、睡觉、上厕所、走路等，最多还有14个小时，如果我们至少8个小时感到压抑、不快乐，那我们的生活将多么暗淡！我们必须要把工作折腾成你想要的样子，才能学会享受工作，享受生活！

首先，我们要认识到工作的价值，不要单单把工作当成谋生的手段，从而感觉工作是为了应付差事。真正认识到工作价值的员工，他会倾注全部的热情去面对自己的工作。即使在工作中遇到各种困难和不如意的事，他也能用一颗乐观和平和的心去面对。他不会带着情绪工作，不会怨天尤人，懂得知足，懂得感恩。这样的员工，才是优秀的员工。

享受工作，一个和谐的办公室环境很重要。一个好环境才有好心情，有了好心情工作起来才有劲。我们要主动营造这个好环境，除了硬件环境，比如办公室位置、摆设等我们无法改变，同事关系是否融洽是掌握在我们自己手中的。比如多微笑，多说好听的话，态度谦虚，要有包容心，等等，这是职场为人处事最基本的要素。

享受工作的前提是喜欢你的工作，热爱你的工作。这一点，不单单是说我们要选择一个感兴趣的工作，无论我们选择哪个工作，都要为这个工作负责。兴趣是可以培养的，对工作的感情也是可以培养的。喜欢你的工作，才能在工作中感到快乐，产生乐趣。

享受工作，还要学会面对工作中的各种压力。压力是一把双刃剑，消极的一面会使人思想消沉，积极的一面会使人奋发向上。聪明、对工作负责的员工会看到压力的积极一面，把压力转化为动力。用正确的心态面对压力，不要害怕压力，分析产生压力的原因，学会减压、转压。

工作高效率的员工往往是最快乐的员工。为什么呢？因为他工作效率高，得到老板的肯定，并且在工作结果上找到自己的工作价值。还有一点是，工作效率高的员工不会像那些拖拉懒散的员工一样，在规定时间完成不了任务，从而让自己有压力。他们会在短时间完成工作量，腾出更多时间去"休闲"。

当然，享受工作有一个最大的前提，就是身体一定要健康。没有了健康，就没有了一切。职场上，很多人为了工作而忽视了身体。平时不注意自己的生活习惯，饮食不规律，不注意营养，睡眠不科学，平日又不运动。努力工作是为了更好地享受生活，没想到却为了工作丢了健康，何谈享受生活？

本书从认识到工作的价值、主动营造良好的工作环境、喜欢并热爱你的工作、提高抗压能力、提高工作效率等几个方面，简单阐述了为什么要把工作折腾成你想要的样子的问题。不要让工作成为我们的负担，让工作成为一种乐趣，一种享受，让健康、快乐的我们，在职场弹奏出生活更为精彩的乐章！

CONTENTS 目录

第一章 工作，可以让我们成长

工作是一种态度 / 003

没有工作的人生没有意义 / 007

工作是物质生活的保障 / 010

工作是实现人生价值的途径 / 014

我们在工作中获得成长 / 017

第二章 享受工作，需要五颗心

热情的心，让工作充满乐趣 / 023

乐观的心，你眼中的风景会很美 / 031

平和的心，绝不带着情绪工作 / 040

知足的心，得不到的不一定最好 / 066

感恩的心，与快乐同行 / 079

第三章 和谐的办公室人际环境

微笑，是和谐环境的前提 / 105

学会说话，说好听的话 / 112

做个受人欢迎的好同事 / 116

身在职场要有个"不争心" / 119

把糟糕的情绪甩出办公室 / 123

职场生存要靠情商 / 128

做一个职场开心果 / 133

职场巧学"道歉"技巧 / 137

谦虚的态度将让你中头彩 / 141

职场上君子之交要淡如水 / 148

第四章 喜欢，才能真正享受

工作结合兴趣，乃天作之合 / 155

特长和优势，离成功最近 / 161

只要努力，你会喜欢上它 / 165

热忱，让工作深入你的灵魂 / 170

热情是工作的助推器 / 175

第五章 享受工作，学会抗压

工作不是生活的全部 / 181

微笑，让压力遁形 / 186

减压，从心态开始 / 190

挫折，并不单单是压力 / 194

拒做职场失意人 / 199

第六章　高效做事，才能享受工作

好习惯成就你的阳光路 / 207

合理安排时间——惜时守时 / 211

今日事今日毕——绝不拖延 / 215

为结果而战的执行力 / 220

不断学习，时刻充电 / 225

团队合作，让你事半功倍 / 228

第七章　阳光健康，更好地享受工作

职场白领着装跟风"杜拉拉" / 235

职场男士亮点着装 / 238

职场着装颜色巧搭配 / 241

健康，从良好的生活习惯开始 / 244

快餐，几家欢乐几家愁 / 248

上班族割不断的咖啡情结 / 253

运动，让身体穿上"防弹衣" / 257

第一章

工作,可以让我们成长

想要收获,必须先付出。这是亘古不变的真理。为了得到丰裕的物质生活和精神上的享受,必须付出我们的劳动,也就是必须工作。工作是物质生活的保障,更是自我价值实现的途径。工作是一种态度,工作态度决定了我们是否有所成就。在工作的过程中,我们只有用一种积极的、热情的态度,以及相信付出就有回报的心态,才能在工作中有所成就,才能在工作中获得成长。

[工作是一种态度]

工作是一种态度,不同的态度带来不同的结果。石油大王洛克菲勒有这样一句名言:如果你视工作为一种乐趣,人生就是天堂;如果你视工作为一种义务,人生就是地狱。工作的本质没有多大区别,关键是你用什么样的态度面对,那么你就从工作中感受到什么。

大家都知道,一个人一天有24个小时,除了睡觉、吃饭、上厕所的时间,剩下的大部分时间都在工作。毫无疑问,工作已经成为我们生活中必不可少的一部分。如果没有工作,人每天的生活就是睡觉、吃饭、上厕所,与其他身在动物园的动物或者躺在人类家中的宠物没有区别。而且在没有工作的状态下,你将如何打发这一天24小时?所以,我们应该庆幸,我们拥有工作,并且能够通过工作找到我们存在的价值。

那么,我们在工作中应该如何去做呢?

首先,摆正工作态度,决定了你是否心甘情愿去工作。

我们知道,这个社会竞争激烈,物欲横流,太多的人把工作当作一种谋生的手段,随波逐流,哪里工资高就去哪里上班,却忽视了自己的梦想,自己的职业目标。诚然,工作确实能给我们带来物质上的享受,工作中最直接的回报就是薪水。所以,当有些人理直气壮地说"我工作就是为了获得薪水"的时候,我们并不会感到诧异。其实,我们当中的很多人也是抱着这样的想法去工作的。但是单纯为赚钱而工作,工作的结果也好不到哪里去。薪水,只是我们工作的副产品，做好我们该做的事情，出色地完成我们该做的事情，获得老板和同事的肯定，理想的薪水必然会到来。

一个只把工作当作薪水来源的人，他的工作是盲目的，他每天在茫然中上班、下班，到了固定的日子领回自己的薪水，高兴一番或者抱怨一番之后，仍然茫然地上班、下班。他们认为工作是乏味的、枯燥的，是为生活所逼迫不得不进行的劳动。所以，他们工作时带着一种厌烦情绪，一种埋怨的心理。在办公室里，这种人往往满口的抱怨之词，而且工作效率极差。无法心甘情愿去工作，工作就没有主动性、积极性，无法全身心地投入工作，自然你将无法得到老板的认可，你也将与高薪永远无缘。

我们应该明白，我们劳苦的最高报酬，不在于我们所获得的，而在于我们会因此成为什么。那些头脑活跃的人拼命劳作绝不是只为了赚钱，使他们工作热情得以持续下去的东西要比只知敛财的欲望更为高尚——他们是在从事一项迷人的事业。

其次，工作是一种态度，它决定了我们快乐与否。你是如何看待工作的，决定了你工作时候的心情。洛克菲勒说过，如果你把工作当成一种乐趣，那么人生就是天堂。工作占据我们生活大多数时间，如果把工作当作一种苦不堪言的差事，你的人生大部分都是阴云密布，何谈享受？

洛克菲勒给儿子的信中讲了这样一个故事：

有三个石匠，都在雕塑石像。有人问他们："你在这里做什么？"

他们中的一个人就会说："你看到了嘛，我正在凿石头，凿完这个我就可以回家了。"

这种人永远视工作为惩罚，在他嘴里最常吐出的一个字就是"累"。他脸上是不耐烦的神色。

另一个人会说："你看到了嘛，我正在做雕像。这是一份很辛苦的工作，但是酬劳很高。毕竟我有太太和四个孩子，他们需要温饱。"

这种人永远视工作为负担，在他嘴里经常吐出的一句话就是"养家糊口"。他脸上是无奈的神色。

第三个人却放下锤子，骄傲地指着石雕说："你看到了吗？我正在做一件艺术品。"

这种人永远以工作为荣，以工作为乐，在他嘴里最常吐出的一句话是"这个工作很有意义"。把别人看来枯燥的雕刻工作变成一种艺术的过程，他是喜欢这份工作的，他的脸上永远是快乐的神色，他在享受工作。

石油大王为什么还要工作？比尔·盖茨为什么依然工作？他们有足够的物质财富供他们享用，为什么还是付出时间和精力去工作？你也许会说："有钱人当然和我们不一样，他们已经开始为了乐趣而工作，而不再像我们这些穷小子一样把工作当成谋生的手段。"这话有一定的道理，但是他们取得今天如此高的成就，原因就在于他们在还没有获得如此巨大财富之前，也是有这样的工作态度——他们把工作当成一种乐趣。

视工作为乐趣的人，他们对工作充满热情，在热情的前提下，他们富有创造力，不断发掘自身的潜能，从而不断创造财富。把工作视作乐趣的人，不会让工作成为自己的负担。工作会让他们思路敏捷充满活力，精力充沛。紧张有序的工作环境，能充分调动人身的各种积极因素，把人塑造得规范、强健、灵敏、富于理性。工作就是让人找到自己的智慧和潜能，发挥自身的才能，从而获得自我价值，让自己释放出内在的美和光亮。

而工作只是为了薪水的人，他们的情绪大起大落，心态消极。比如在与同行的竞争中，一旦赢得订单，就会欣喜若狂；一旦失去订单，就会沮丧失落。又比如在与同事的竞争中，职务升迁、薪酬增减都会引起他们情绪的大起大落，甚至想方设法、处心积虑将他们一一铲除。长此以往，同事们都唯恐避之不及。当一个人在职场中没有朋友、只有敌人时，就毫无工作的乐趣与价值可言。

一个人的工作态度折射着人生态度，而人生态度决定一个人一生的成就。工作是实现人生价值的途径，那么工作态度也就决定一生的成就。不要让工作成为我们的负担，它是一个富有创造力、充满活力的词语，不能因为眼前的利益而使工作变得呆板，毫无乐趣。天堂与地狱都由自己建造，是你的态度决定的。你的工作，就是你的生命的投影。它的美与丑、可爱与可憎，全操纵于你之手。一个天性乐观，对工作充满热忱的人，无论他眼下是在洗马桶、挖土方，或者是在经营着一家大公司，都会认为自己的工作是一项神圣的天职，并怀着深切的兴趣。

一个懂得如何工作的人，他必定懂得如何享受工作；一个懂得如何享受工作的人，他必定能够做出成就！

没有工作的人生没有意义

人生是一段很长的路，这条路上，工作就是我们的方向灯。只有工作，才能让我们的脚步更加脚踏实地，才能让我们在人生路上走得更为充实。没有工作的人生，是浑浑噩噩的。有人说，如果我们努力工作，那我们向成功迈进了一步；如果我们无所事事，那我们向死亡迈进了一步。

没有工作的人生如同地狱！我们看下面一则小故事：

有一个年轻人在车祸中死后，奔赴在黄泉路上。

他走着走着，看到一座富丽堂皇的宫殿。他生前是一个公司的职员，做了好几年都没有什么起色，他厌恶自己的工作，但是迫于生活，他不得不工作。靠他那点微薄的收入，他从来没有居住过如此豪华的房子，简直如天堂一般。

他走到宫殿门前敲门，宫殿的主人开了门，热情地对他说："欢迎来做客，你在我这里想怎么玩就怎么玩。不用你做任何工作，就可以吃到你想吃的，喝到你想喝的，玩到你想玩的。总之，什么都别管，只管享受这些就可以了。"

他惊喜万分，还有这等好事，不用任何劳动，任何厌烦的工作，就可以得到自己生前从来得不到的东西。他欣然答应，住进了宫殿。

一个月之后，他有一点乏味，对这些物质享受失去了一点点兴趣。

又一个月过后，他在感觉这些美食醇酿没有刚开始那么美味。

再一个月过去了，他实在厌烦了这种吃喝玩乐的日子。于是，他就去见宫殿的主人：

"这种日子过久了，实在没意思。吃得太饱，我不断地发胖；睡得太久，我的大脑变得迟钝。而且每天不做事情，我百无聊赖，无聊的快要死了。你快给我一点事情做吧？！"

主人说："这里没有任何事情要你去做。"

"天呐！每天这样子过，我还不如下地狱算了！"

主人轻蔑地笑了："这就是地狱！"

没有工作的生活，会让人失去生活的理想，身体和大脑虽然不需要劳动，但是心灵上的煎熬，要比上刀山、下油锅更让人受不了！俾斯麦说过："工作是生活的第一要义，不工作，生命就会变得空虚，就会变得毫无意义，也不会有乐趣。没有人游手好闲却能感受到真正的快乐……"

实际上，工作是维系我们生活的根本，在这个世界上，除了人之外不存在任何游手好闲的东西，所有的事物都在按照自身的规律永不停止地运行着。

不工作的时候，时间会变得很漫长，且难以忍受。当你真正不用工作的时候，又没有可以专注的事情，不良和不愉快的情绪——不满、忧伤、厌倦和无聊就会趁机跑进你的心灵。你将渐渐模糊了你的理想，丧失了你的斗志，你找不到满足感，找不到成就感。这种"休息"是折磨人的。而经过辛勤的工作之后，我们给自己放假，无所事事那么几个小时，或者几天，那么这段时间的休息将显得非常珍贵，且甜美，我们会感觉快乐很多。只有工作，才能让我们更加感受生活的意义，才能更好地享受生活。

工作是人类生存的一种方式，或者说，工作是我们生活乐趣的源泉。工作为我们实现自己的人生意义提供了渠道，让我们不仅获得了物质上的满足，还获得了精神上的满足。不工作的日子其实是非常无聊和寂寞的，甚至是毫无追求，近乎萎靡。所以说，工作是我们的精神寄托之一，是我们实现人生价值的一个必要手段。

人生的意义，需要很多东西来诠释，要使人生过得快乐，变得更加有意义，首当其冲是工作。如果我们想获取真正的快乐，就应该把工作当作生活中的一部分。当我们把工作变成生活中的一部分乐趣时，工作就会更加轻松自如。而当我们努力地工作，并认识到工作就是为自己的人生奋斗时，我们就已经得到了最幸福、快乐的人生。

工作是物质生活的保障

《圣经》上说"工作是神的意志"。而在这个竞争激烈的社会，人们都为了各自的生活奔波，更多的人之所以努力工作，都是为了通过工作得到自己想要的物质生活。所以，在这个现实的社会里，不工作就等于没有物质来源，没有了物质保障，更别提更高尚的精神追求。哲学上讲，有物质基础才有上层建筑。

工作能获得薪水，获得报酬，为我们带来足以养家糊口的收入，是人们生存下来的根本；工作几乎占据了一个人一半的时间，没有工作的生活是毫无乐趣、毫无精神支撑的。因此，我们说，工作是人们的立身之本。

人要生活和生存就必须获得一定的物质基础，以满足自我生存的需要。任何一个人，为了生存，为了生活，他必须付出工作。通过工作，人们获得了金钱和生活保障，这是一个社会人最为直观、最为基础的自我满足。

一个农民，他的工作就是耕地。如果他不耕地，那么就没有收成，一家老小就没有吃的。

一个打工的，他踏上工作岗位，付出自己的时间和劳动，企业的老板为他发工资，这就是他工作所得的收获。如果他不工作，就没有薪水。

一个老板，他为了自己的企业、自己的店，起早贪黑，做了很多事情，操了很多心。如果他不在自己的企业和店上花费时间和精力，他就无法获得盈利。

因此，各行各业都一样，只有付出劳动，才能收获物质。不工作的人，要么就是富豪的后代，要么就是马路边上的乞丐。富豪的后代，他们可以享受父辈的物质财富，无所事事，但有一天他们的父辈们不在了，他们依然要通过自己的劳动，才可以生存；马路边的乞丐，他们没有生存的技能，只能通过乞讨的方式生存，因为他们等着别人给他们施舍，没有工作，他们的生活没有任何保障。

不工作的人，迟早要被社会所遗弃。有这样一个哲理故事：

一家人有两匹马。一天，这两匹马都为主人拉车，车上都装很多东西。一匹马看天气又热，东西又多，它就想偷懒。它走一小段路，就停下来，装作很累的样子，大口大口喘气。主人看到之后，便把它拉的东西卸下来放到另一匹马拉的马车上。它很高兴，但是仍然嫌自己车上东西太多，拉起来太累，它又反复停下来。主人又把东西卸一点下来放到另一匹马拉的车上。

就这样，这匹马身上的东西越来越少，它悠哉游哉对另外一匹马说："你也太老实了，这么多，累死你，你就辛苦吧，流汗吧。你越是努力干，人家越是要折磨你。"

回到家之后，主人对老婆说："一匹马就能拉两车东西，就留一匹马吧。刚好过年了，这匹马干不了活，还不如杀了算了，就当成年货吧。"这匹偷懒的马，就成了主人家餐桌上的美味了。

不工作的人，是得不到回报的。工作不仅仅是你取得事业成功的保证，它还是立身之本，是确保你不被淘汰、不被甩出去的重要保证。我们只有去工作，在岗位上付出，才能获得一定的报酬。这个报酬可以解决我们自身的生计问题，是我们养家糊口最基本的方式，它也让我们的生活有一份经济保障。

工作不仅可以解决最基本的吃饭问题，生活中的奢侈品，也要通过工作的报酬来得到。物质生活的质量，与工作的报酬成正比。如果你是一个搬运工，每个月干把块钱的工资，你不会买几千块钱一套的西装。如果你是一个公司的小职员，每个月就一两千的收入，你上班不会天天打车，而是赶公交车……

有一个偏远地区的中学老师这样教育自己的学生，他把一双草鞋、一双皮鞋挂到教室的墙上，对学生讲道："你考得上大学就进城穿皮鞋，考不上大学就回家穿草鞋。"在那个地区，只有通过上大学，才能跳出农门，才能找到工作，才能过上好生活。因此，只有好工作才能带给你自我的满足。

凤凰卫视记者闾丘露薇，她是第一位赴阿富汗战地采访的中国女记者，第一位进入伊拉克战场的华人记者，被誉为"战地玫瑰"。她对于自己的工作，从来都很积极。她说："生命是非常非常重要的，但是，这是一个职业。作为记者，我首先想到这是我的职业，这是我的职责，告诉大家到底发生了什么样的事情。只要炸弹没落到我头上，我的第一反应就是冲上前去，为凤凰卫视发回现场报道。"

非典时期，她身在医生和病人之间，做自己该做的事情。她说："我看到那么多战斗在病床前的医护工作者，真的很佩服他们，因为他们非常朴实，很多人对我说，不要把我们看得那么伟大，我们只是在做我们应该做的工作。对于这种心情，我有着深刻的体会，我想我不是特别的勇敢，我也没有抱任何伟大的想法，当我和摄影师的车开往巴格达的时候，我们只是觉得，我们正在做我们应该做的工作。"

即使她如此忘我工作，甚至不顾个人安危，但是她还是一个凡人。她在接受内地记者采访时，说出了自己之所以不惧生死，不畏劳苦三赴阿富汗，又入伊拉克，忘我工作的原因："因为我在香港生活，每个人都很实际。我现在最要紧的事情就是有一份稳定的工作，然后能养我的家、我的孩子，供我的房子，然后我才能想一想我自己希望过的生活。"

"养我的家、我的孩子，供我的房子"，如此朴素的话，朴素的生活愿望。确实，我们有工作才有物质保障，才能生存。但事实上，还有什么比养活自己、比为了让自己生活得舒服自在更重要的呢？

为了好生活而工作，那我们必须努力工作，用各种方式方法改进自己的工作，才能获得更好的报酬。要吃樱桃先栽树，要想收获先付出。只有当你为公司创造出高绩效时，你才会有生活的保障。

努力工作，能够给企业带来效益，也能给自己带来高薪水——双赢状态，何乐而不为！但是在这个过程当中，我们需要有一颗热情的心，积极向上的行动，不懒惰、不抱怨、不消极、不怀疑、不马马虎虎、不推诿塞责、不投机取巧，更不会天天抱有跳槽的想法。我们需要生存，这些恶习都是我们生存的障碍，我们必须改掉。只有踏实工作，不懈努力，才会得到我们想要的生活。

而且，在努力工作的过程当中，我们会越来越喜欢自己的工作，还可以发现工作的诸多乐趣，在工作中就不会感到枯燥无聊。工作中的每一天都是美好的，心情也能保持最佳状态，在工作这个平台上，我们慢慢实现自己的人生价值，这才是享受工作。

[工作是实现人生价值的途径]

一把斧子，只有用来砍树的时候才能见证斧刃的锋利。而如果把它一直搁置起来，让它生锈，斧子便失去了它存在的价值。上天赋予我们大脑和四肢，如果无所事事，就无法展现我们存在这世上的意义。也就是说，工作是实现人生价值的唯一途径。

《财富》杂志做的一项调查显示：失业的美国人中，绝大多数人感到沮丧不是因为自己失去了某个工作。美国的社会福利和失业保障工作做得非常好，失业者每月拿到的钱并不比有工作的人少很多，所以他们的物质生活是有所保障的。但是这些人却经常出现沮丧、恐惧等心理问题，甚至因此而导致社会问题。经过调查，原因几乎都是失业让他们感到自己一文不值。工作，并不单单是物质生活的来源，更大程度上是体现人生价值的途径。

工作当然是物质生活的基本来源，这是一个不争的事实。但是在现代社会，社会物质条件充裕的条件下，员工如果仅仅是为了物质生活而去工作，那么他的工作热情和工作效率相对比较低。如果是为了实现人生价值去工作，那么工作的积极性很高，热情很高，不仅工作效率高，而且抱着热情积极的态度工作，必定就能享受工作的过程。

而今，我们身边能看到这样的人，他们对自己的工作不满意，但是却不想去改变自身，也不改变工作，就日复一日重复自己认为枯燥乏味的工作。但是在这种状态下工作，很容易感到沮丧、疲劳，他们却自我安慰道："这就是生活，这年头你还能要求什么？"他们工作的唯一目的，就只是赚钱养家。

一位著名的企业家说过这样一段话：我的员工中最可悲也是最可怜的一种人，就是那些只想获得薪水，而其他一无所知的人。在企业老板的眼中，他们最不喜欢、最感到无奈的就是这一群员工。而把工作不仅仅当作满足自身生存需求的途径，而且当作满足自身人生价值发展和实现的途径，这类员工到哪里都受欢迎。因为，工作让我们变得有价值并受到尊重。

我们都希望得到他人的肯定和认可，只有通过工作来实现，而且只有在工作中磨炼自己，才有可能成长；也只有抱着积极乐观的心态去工作，才能在自身进步与成绩中获得成就感。比尔·盖茨说过："实际上，钱从来不是我的动力，我的动力是对于我所做的事业的热爱，我要在工作中实现人生价值。"正是这种自我实现的动力，让他的工作热情持续升温，并非单纯地为了名和利。

有些人工作繁重，却很少感觉到辛苦。因为这份工作，可以让我们发挥自己的才华、能力和潜质，而且努力工作的结果就是被认可，这种满足感，远远大于工作时候的辛苦感。有自我实现驱动的人，往往会把工作当作一种创造性的劳动，竭尽全力去做好它，使个人价值得到肯定和实现。在自我实现的过程中，他将体会到满足感如同植物发芽般迅速膨胀。

当然，人生价值没有具体的大小。一个企业CEO的人生价值与一个保洁员的人生价值相比，并不是说企业CEO的人生价值大于保洁员的人生价值。平凡的岗位也能实现自己的人生价值。爱因斯坦说过："一个人的价值，应该看他贡献什么，而不是应该看他取得什么。"如果每一份工作你都可以用心做好它，把上级布置的每一份工作都当作关系成败的大事来对待，那么，做好的每一份工作都是在为自己的事业大厦加砖添瓦，就是在不断地发展自我，不断地实现自己的人生价值。

工作的最大意义就是，实现人生的价值。有些人认为自己从事的工作不好,成天郁郁寡欢,抱怨工作环境,埋怨公司同事,整天一副"怀才不遇"的委屈表情。而有的人天天心情舒畅,把工作当享受,积极适应环境,热情和同事、领导交流沟通,努力充电,摆脱"遇而不才"的尴尬。

大部分人都将职业满足感和好工作联系在一起。可是,是否有成就感和满足感,更为重要的是看你能将一份工作做到什么程度。即使你获得了一份梦寐以求的工作,但没有好好地工作,那么好工作也会变成坏工作。相反地,即使目前你的工作还不理想,但通过你的努力,也可能将它变得理想一些。人生价值的大小,与你从事的工作岗位关系不大,与你对工作的态度息息相关。即使你目前从事的岗位很平凡,但是当你默默无闻工作之后,换来了领导和同事信任的目光,换来新的成绩,换来能力素质的提高,这不就是一种成就感吗?

世界上不存在十全十美的工作,富有意义的生活掌握在我们每个人自己的手中。工作可以让我们把自己的特长发挥出来,应用到我们孜孜追求的事业上,在工作的环境和企业文化圈中展现我们的个性和价值观念。这个世界上,大多数都是平凡的工作,但是平凡并不等于平庸,绝非单纯为了工作而工作,而是深刻领悟工作的意义,享受工作当中的乐趣和魅力。

所以,我们要时刻提醒自己:工作不是做给老板和上司看的,而是用内心里的热情来对待,发自内心把工作做好,在这份成就感和满足感中不断实现我们的人生价值。

我们在工作中获得成长

工作是我们获得物质生活的保障，更是我们实现人生价值的途径，也是获得自我满足的源泉。但是很多人在选择职业时，往往非常看重薪水和工作环境，却很少有人把学习技术、学习经验摆在第一位。还有一些人，视工作为差事，不创新，不总结，不充电，一年过去了，两年过去了，还在原地踏步。一个把工作视作成长舞台的人，往往比一个把工作视作薪水来源的人，更接近成功。

对于择业的人来说，制定了自己的职业规划之后，要明确自己的方向，而不能单单为了追求高薪水。对于初入职场的人来说，取经远比拿多少薪水更重要，学习到可以胜任岗位的技术和能力才是首要的。

现在很多企业，尤其是大中型企业，对员工的技能都很重视，往往愿意花代价培训一个有潜力的新员工。进入这些公司的门槛很高，工资却不高。有很多应聘者看到低工资掉头就走。他们看重的是工资，但是却看不到公司将给他们提供众多的培训机会，这比赚取工资更具有诱惑力。假如你计划在这个行业里发展，那么你应该更看重在这个公司的发展。

有人说："遇到一位好老板，要忠心为他工作；假如第一份工作就有很高的薪水，那算你的运气好，要努力工作以感恩惜福；万一薪水不理想，就要懂得在工作中磨炼自己的技艺。"刚进入公司，我们要把自己的起点放低，多向前辈员工学习，从工作技能，到为人处世，都是我们学习的内容。如果我们把自己的"容器"装满，我们的"分量"加重了，还怕赚不到高工资吗？企业最不欢迎的就是那些原地踏步，不谦虚学习的员工。工作技能过硬是所有员工的立身之本，更是高薪员工的必备素质。只有工作技能超过一般人，在一个适当的环境，才可能成为公司的骨干，甚至成为老板的得力助手。

路要一步步走，饭要一口口吃，职业也是这样，是一点一滴做起来的。只要有一颗不断进取的心，那么就距离成功越来越近。

有这样一个小故事：

有一次凯撒大帝战斗凯旋归来。

在庆功会上，一位士兵鼓起勇气问凯撒大帝：

"我跟你打仗打了二十年，和我一起当兵的人现在都成了将军，为什么我现在还是一名士兵呢？"

凯撒大帝反问他："你看那头驴，跟了我将近三十年，为什么现在还是一头驴呢？"

如果你想进步，想从一个士兵成长为一个将军，那么你在打仗的过程中，有没有去学习将军是如何打仗的呢？重要的不是你工作了多长时间，而是你在工作中成长了多少。如果你以一位将军角度去思考问题，或许你会成为一个将军；如果你以一个元帅的角度来思考问题，也许你会成为一名元帅……如果你始终以一名士兵的角度去思考，你永远只能是一位士兵。不管你现在的职位有多低，关键是你在这个职位上有多远的思想。

我们身边有很多人，几年前就在那个低职位上工作，几年后的今天，他们依然在这个职位上，从职位高低到技能，到为人处世，到思想认识，都毫无进展，唯一有所进展的恐怕是年龄。他们不能正确认识自己的职位，没有一个长远的职业规划，只是当一天和尚撞一天钟，混混日子，赚取那点微薄的工资。为什么企业都喜欢那些学习能力强，发展潜力大的员工，原因就在于这类员工能够自主学习，在努力工作的同时，能迅速提高自己的技能，为公司做出更大的贡献。在别人的公司中，你获取了珍贵的经验与技术，是在为自己将来的发展打基础。一次次的工作历程将成为你生命中最宝贵的财富。

关于企业所需要的人才，海尔集团总裁张瑞敏这样分析，企业里人才大致可由低到高分为如下三类：第一类是人材，这类人想干，也具备一些基本素质，但需要雕琢，企业要有投入，其本人也要有成材的愿望；第二类是人才，这类人能够迅速投入工作，能够立刻上手；第三类为人财，这类人在行业里已有相当的经验，因此个人能力也相当高，通过努力能为企业带来巨大财富。

"人财"，这类员工企业都非常欢迎，他不用企业投入多少资金和精力去培训就能直接为公司创造效益，但这毕竟是少数精英人才。"人材"是"人才"的雏形，是"原材料"，需要企业花费时间去雕琢。假如我们初涉职场，已经有了自己的职业规划，那就安心做一个"人材"，谦虚去接受一切不懂的东西。同时，感激并珍惜公司的一切培训机会，相信，不久以后我们就是一个"人才"！

当然，如果你还有那么点能力，但是躺在成绩上睡大觉的人，也是不会得到很好发展的。不管你曾经是多么的优秀，不管你昨天的职位是多么的显赫，你都不能保证明天依然可以辉煌，你都不敢绝对地认为自己一定就是那个最好的。原地踏步的人，最终会落到最后。

在美国福特公司曾有这样一个事件：

当时公司有一台大型电机发生了故障，很多维修专家都看过，并且一起研究如何解决，但是始终没有结果。无奈之下，公司便求助于法国电机专家斯坦因门茨。斯坦因门茨是业界出名的专家，很多公司面临的疑难杂症，他都能搞定。斯坦因门茨来到公司后，简单听取了电机所存在的问题，然后听了听电机运行的声音，经过研究和计算，用粉笔在电机上画了一条线，说："打开电机，把画线处的线圈减去16圈。"

有些人有点疑惑，听一听就能听出问题，这样的方式能解决问题吗？但是斯坦因门茨是享誉业界的专家，工作人员只好照做。结果，电机很快恢复正常运行。

轮到斯坦因门茨开价了，他提出酬金1000美元。老板惊讶地说："为什么画一条线竟然要这么高的价钱？"斯坦因门茨坦然地说："画一条线值1美元，但知道在哪里画线值999美元。"

这就是"人财"，没有哪个老板不喜欢。他有丰富的专业知识，仅凭运行声音就能判定故障原因，这就是在不断地工作中练就的技能。掌握知识和技能，需要丰富的工作经验，而这999美元就是斯坦因门茨凭借自己的能力所创造的价值回报。然而这样的结果，都是当初在基本岗位上一点一滴积累起来的经验，当他还是一个"人材"的时候，就在谦虚学习，不断成长，才获得后来的成就。

我们每个人也是这样，都有一个卑微的开始，一份不被人看好却要付出巨大的辛苦的初始职业，做着辛苦的工作，拿着微薄的薪水。这种境况别人可以看不起我们，我们却不可以看不起自己。我们正是要凭借着这个不显眼的开始，一步步走向成熟，走向成功。

所以，不要轻视每一份工作，它是我们成才最广阔、最有效的发展平台。

所以，珍惜每一个工作机会，谦虚、努力、不骄不躁，在平凡的岗位上尽职尽责，把每份工作都当作历练的舞台。

所以，我们要在工作中不断感受自我，发现自我，最终实现自我。我们要在工作中成长，在工作中成熟，在工作中不断进取，提高自己的情商和智商，让自己成为一个被肯定的人才！

第二章

享受工作，需要五颗心

把工作视为乐趣，工作就是天堂。一个懂得如何享受工作的人，他的工作态度一定是积极的，他追求事业的道路上不一定一帆风顺，但他在工作的过程中是快乐的。工作中，要保持一颗热情的心，对工作充满激情，会创造出奇迹般的绩效；要有一颗积极乐观的心，不怕挫折，直面困境，困难会为我们让路；要有一颗平和的心，管理好情绪，心放开了，便不会有抱怨；要有一颗知足的心，要懂得知足，知足者常乐，做自己能力范围之内的事情，做到尽善尽美；还要有一颗感恩的心，感谢工作，感谢公司，感谢上司和同事，感恩的路上，处处都是快乐。

[热情的心，让工作充满乐趣]

[我的热情好像一把火]

"我的热情好像一把火，燃烧了整个沙漠……"热情的力量是惊人的，一个待人热情的人，总是能够温暖身边每个人的心。一个带着激情工作的人，一定是一个活力四射、积极乐观的人。对工作倾注热情，一定会有丰盛的收获。在很大程度上，成功取决于人的热情。

热情，让生命中充满感动。用热情的心对待身边的人，你会收获到意想不到的惊喜。

在美国，有对军人夫妇，丈夫接到上级命令，不得不到沙漠里参加演习，两人新婚不久，妻子不愿意与丈夫分开，便随着丈夫一起到了沙漠的陆军基地。白天，丈夫去参加演习，妻子只能一个人待在营地。

沙漠的气温非常高，妻子很难忍受这样的天气。而且，白天她找不到一个可以说话的人。虽然身边也有一些人，但都是墨西哥人和印第安人，他们不会说英语，她也不会墨西哥语和印第安语，她唯一觉得高兴的便是晚上丈夫回来。高温，加上这种孤单，让这位年轻的妻子感到度日如年。

浮躁中，她给父母写信，说她想抛弃一切回到家里。她的父亲曾经也是个军官，他一直很爱自己的女儿，这次回信，他并没有花费笔墨去安慰女儿，只写了两行字："两个人从牢中的铁窗望出去，一个看到泥土，一个却看到了星星。"收到父亲的回信，她心头一颤，同样的铁窗，是我自己不愿意去看见星星啊！

当天晚上，丈夫回到营地房子，妻子没有像往常一样抱怨，反而非常温柔地与他谈论当地的居民。丈夫很高兴，他把自己仅会的一点印第安语教给了妻子。第二天，妻子走出铁房子，微笑着走到有当地人的人群中。妻子长得非常漂亮，而且一脸的笑容，当地人对她立马有了好感。妻子开始用丈夫教给她的简单印第安语与他们交流，当地人对这个美丽的异国女人充满了好感，对她非常热情。他们给她介绍当地的文化，虽然语言上仍然有障碍，但是她却能感受到当地人发自内心的真诚。

慢慢地，她的时间不再空虚无聊了。她对当地人的纺织、陶器产生兴趣，而当地人也很大方地把自己最喜欢但又舍不得卖给观光客人的纺织品和陶器送给了她。沙漠是仙人掌生活的天堂，她只觉得仙人掌满身是刺，不知其他。在当地人的介绍下，她认识到仙人掌的生长习性、药用价值等。沙漠上还有一些她以前从没有见过的植物，当地人也给她介绍。沙漠上的日落非常壮观，她常与当地人一起观看日落。

一段时间后，丈夫发现妻子的笑容越来越多，而且活力四射，感觉年轻了许多。妻子也感觉到自己的变化，刚开始难以忍受的环境，而今居然成了令人流连忘返的沙漠奇景。她喜欢上沙漠的一切，她终于从这铁皮房子的窗户里看到了星星。

这位妻子的热情，真的燃烧了沙漠。因为她投入了热情，让高温孤单的沙漠环境变成了流连忘返的沙漠奇景。不是沙漠变了，而是她的心态变了。

工作也是一样，总有很多人认为工作是枯燥的、乏味的，所以对待工作的态度是懒洋洋的、被动的。对工作没有热情，心中没有激情，工作很难做出成绩。

比尔·盖茨有句名言："每天早晨醒来，一想到所从事的工作和所开发的技术将会给人类生活带来的巨大影响和变化，我就会无比兴奋和激动。"他能够理解自己工作的意义，因为这种意义，使他对工作充满了激情。一个成就事业的人，最重要的素质是对工作的激情，而不是能力、责任及其他（虽然它们也不可或缺）。而比尔·盖茨对激情的阐释，成为微软公司的核心理念。每一项发明，每一个工作业绩，无不是激情创造出来的，激情是工作的灵魂，甚至就是工作本身。

托尔斯泰也说过："一个人若是没有热情，他将一事无成。"大多数公司的老板心目中的优秀员工也正是那种对工作充满热情、充满干劲的人。以充满激情的心态融入到工作当中，工作的意义得到提升，工作就会发生巨大的改变，这种热情让工作的业绩蒸蒸日上。

我们先来看一个员工：

爱玛是一个鞋店的店员，她非常喜欢这份工作。

有一天，一个中年女顾客光临鞋店。爱玛赶紧迎上去："太太，您需要什么？"

顾客淡淡地说："我想买双鞋子。"

爱玛开始热情地给顾客介绍，哪种鞋子款式漂亮，哪种鞋子穿着舒适。顾客一脸的不耐烦："我就要一双鞋子，说这么多你不嫌累啊！"

爱玛眯着眼睛笑了："您可知道这是世界上最好的鞋店啊！"爱玛的眼睛闪着光芒，话语里含着激情，她抚摸着这些颜色各异的鞋子，眼中充满怜爱："这款看起来多美啊！我只是想让您也一起欣赏一下！"

顾客不好意思了："谢谢，我只是不想太麻烦你！"

"怎么会麻烦呢？给您介绍鞋子，也是我再次欣赏这些美丽的鞋子。"

中年女顾客微微笑了，买了一双鞋子走出了店。

一周后，爱玛收到了一封信，是本市最有名气的女装店写给她的，要聘请爱玛到市中心的旗舰店担任店长。原来那个买鞋子的中年女顾客是女装店的老板，她说："如果你能一直保持这种热情，你将在任何销售行业得到长足的发展。我们看重的就是你这一点，你的热情能燃烧顾客的购买欲望……"

我们再来看另一个员工：

莉莉是一家超市的收银员。正是夏天的时候，中午太阳很晒，很少有人出门，超市里生意比较冷清。莉莉慢慢打起了瞌睡，她很厌烦这样的工作，每天刷条码、收钱，如此反复，非常无聊。

这天中午，正当莉莉开始犯困的时候，她手机响了，是她男朋友打来的。莉莉高兴极了，终于可以打发时间了。她便与男朋友火热地聊起天来。这时候，一个顾客来到收银台，莉莉把电话放在一边，开始刷。她刷得很慢，顾客着急了："请问你能快一点吗？"

莉莉头也没抬："我都不急，你急什么！"

"废话，你这不是浪费时间吗？"顾客生气了。

"浪费也是浪费我的时间，我乐意！"

顾客一气之下，找到超市的经理投诉莉莉。

莉莉被解雇了。她没有学历，没有技术，几天之后，她又在另一家超市收银。

如此冷漠的工作态度，连顾客都有了意见，做任何工作都做不出成绩。一个人如果仅仅是勉强完成职责，那么他做起事来就会马马虎虎，稍遇困难就会打退堂鼓，很难想象这样的人能始终如一地高质量地完成自己的工作，更别说能做出创造性的业绩了。如果你不能使自己的全部身心都投入到工作中去，你就难以得到成长和发展的机会，无论做什么工作，都可能沦为平庸之辈。

当你满怀激情地工作，并努力使自己的老板和顾客满意时，你所获得的利益也会增加。而工作中最巨大的奖励还不是来自财富的积累和地位的提升，而是由激情带来的精神上的满足。一个人在工作时，如果能以精进不息的精神，火焰般的热忱，充分发挥自己的特长，那么即使是做最平凡的工作，也能成为最精巧的工人；如果以冷淡的态度去做哪怕是最高尚的工作，也不过是个平庸的工匠。

凭借热情，我们可以把枯燥无味的工作变得生动有趣，使自己充满活力，充满对事业的狂热追求；凭借热情，我们感染周围的同事，获得他们的理解和支持，拥有良好的人际关系；凭借热情，我们可以发掘出自身潜在的巨大能量，提升身体的潜力，发展一种坚强的个性；凭借热情，我们更可以获得老板的赏识、提拔和重用，赢得珍贵的成就和发展的机会。

一个工作中充满激情的人，一定会光芒四射、生机勃勃、激情洋溢、坚强有力、活力无穷……激情让我们点燃心灵之火，激情让我们在工作中不断创新、不断超越，激情让我们的生活充满精彩。

[热情让机遇不忍摒弃]

热情就像冬天里的太阳，让一切都忍不住靠拢它。热情让一个人光芒四射，沮丧、失败之类的字眼与热情无关，热情伴随着幸运、积极、成功。事业成功的人，往往都是那些满怀热情、充满激情的人。机遇可遇不可求，但是热情的人更有机会遇到它！

拿破仑·希尔说过："要想获得这个世界上的最大奖赏，你就必须拥有过去最伟大的开拓者所拥有的将梦想转化为全部有价值的献身热情，以此来发展和销售自己的才能。"热情是一种高度的自觉，自觉去发现机遇，自觉为自己人生加重，工作中调动全身每一个激情的细胞，机遇将会被你的热情所感染。

从古到今，所有伟大的成就都可以称作是热情的胜利。而今，很多成功人士，都是凭借满腔的热情，积极工作，抓住了身边的机遇，成就了自己的人生。

PCPOP网站，即泡泡网（北京泡泡信息技术有限公司），是一家从事电脑硬件、个人和办公数码产品的信息服务的网站。公司的首席执行官是20世纪80年代出生的李想。

说起李想，不能不说他的魄力。1999年7月，正当全国高三的学子们都在紧张地准备着即将到来的高考时，李想当时才十八岁，毅然放弃高考，自己创业。他创业的热情就来自刚刚在中国内地发展起来的互联网。为了保持这份热情，他承受着来自父母、师长的巨大阻力。但是他对于互联网的热情已经超出了人们的想象，因为从最初接触互联网便痴迷于此的他已经看到了其中蕴藏的巨大潜力，一种划时代的资讯交流方式让他欲罢不能。

其实，在上学的时候，他就开始尝试创办论坛，并意外地拥有了超过十万元的年收入。李想为自己这一点小尝试激动不已，这份激动更激起了他的创业热情。他终于说服了父母，开始了创业。

于是，当其他同龄人在高考这座独木桥上挤来挤去的时候，他全身心地投入到了网站的策划和制作当中。1999年，PCPOP网站开始运营，2005年底营业收入达2000万元，利润50%，按通行的市场收购标准，即以20倍的市盈率来计算，占公司绝对股份的他，身家已过亿。2005年，从IT产品向汽车业扩张，创建汽车之家网站；2006年5月，李想被评为"中国十大创业新锐"。

李想成为80后的典型代表，一个真正的新生代亿万富翁。

热情的力量是巨大的，一个热情的人就像一个磁场，让机遇都忍不住靠近他。因为热情是洋溢在外部的生活态度，就像微笑和喜悦，是可以传染给周围的人一样。李想对互联网的热情，让他抓住了这个机遇，从而创造出一个80后的传奇人生。

拿破仑·希尔提过这样一位杂志推销员——斯蒂芙，她曾经一次性卖给拿破仑·希尔6份杂志。她是怎么做到的呢？

主要是她热情的笑容。

她走进拿破仑·希尔的办公室，一直面带微笑。她给拿破仑·希尔推销了好几种杂志，其中有一种就是《金融周刊》。她看看他的书桌，发现桌子上摆了几本杂志，就由衷地赞叹："哦！我看得出来，您非常喜爱阅读书籍与各种杂志。"这赞美的话绝对是发自内心的，才让拿破仑·希尔对她产生了好感。

于是，希尔放下手中的工作，开始认真倾听她接下来的话。她当时手中抱着很多杂志，希尔以为她会和其他推销员一样赶紧开始推销。谁知道她看到希尔书桌上放着一本爱默生的论文集，就开始津津有味地与希尔谈论起爱默生那篇文章《论报酬》。语言幽默，而且很有她自己独到的见解。

之后，她便进入正题："您定期收到的杂志有哪几种？"

希尔说了几种，斯蒂芙这才微笑着摊开自己抱着的那些杂志，开始逐一分析，说了各自的特点，并且提醒希尔订阅这种杂志的原因：《周六晚邮》可以让人欣赏到最干净的小说；《文学书摘》以摘要的方式将新闻介绍给我们；《金融周刊》可以让我们了解到工商界领袖人物的最新生活动态等。

希尔微微点点头，并未表示自己要订阅。她又说了："像您这种地位的人物必须消息灵通，知识渊博。"同样是一句恭维的话，希尔却不得不审视自己是否真的知识渊博。因为斯蒂芙知道希尔的书桌上并没有那6种她推销的畅销杂志。

于是，希尔便订阅了这6种杂志。

其实在斯蒂芙之前已经有一个推销员来推销过《金融周刊》这本杂志了。但是希尔并没有订阅，原因就是那个推销员把这次推销当作是他赚取佣金的一种方式，没有丝毫的热情。

正是斯蒂芙的热情，让她成功地获取了顾客的信任。这就是热情的力量，热情让成功尾随左右。一项来自猎头公司的调查显示：43%的经理认为最容易被解雇的是那些工作态度不好，对工作缺乏热情的员工。一个缺乏热情的员工很难全身心地投入到工作中去，当然不可能很好地完成工作。缺乏热情的人常常无精打采，当成功机会来临的时候，也总是在懒懒散散中将机会丧失。而如果像斯蒂芙一样，坚持自己的热情，并将这种热情散发出来的"温暖"传导给别人，一切就都变得不同了，好运气自然会逐渐向你靠过来。

所以，我们要经常培养自己的热情，最直接的方式就是做自己感兴趣的工作，把自己奋斗的方向定位在爱好之上，热情自然而然就出现了。

乐观的心，你眼中的风景会很美

[活在当下，不预支明天的烦恼]

俗话说，不如意事常八九。人生漫长，不可能一帆风顺，总会有一些挫折困难、苦恼不顺。就像夏日的天气一样，刚刚艳阳高照，过了一会儿就是暴雨遮天。天气可以预报，但是人生没有先知，谁都不能预料到明天的不顺。工作中，有些人总是担心明天会不会被老板骂，同事会不会因嫉妒而陷害自己等一些问题，每天感觉他们神经紧张，提心吊胆。既然明天的事情不能预料，还不如活在当下，不要去预支明天的烦恼。

佛家有这样一个经典的小故事：

北方的山林间有一个寺庙，里面住着一群和尚。其中有一个小和尚，年纪尚小，主要负责清扫寺庙院子里的落叶。

秋冬季节，山林的气温较低，每天清早起来清扫落叶，并不是一件轻松的活。而且每一次起风，泛黄的叶子又随风落下，前脚刚扫过的地又铺满了叶子。尤其是经过一夜，第二天早上院子里又是满满的落叶。

每天都这样扫，可真累啊！小和尚很是头疼，怎么才能一次性把这些落叶清扫干净，不用再如此费时费力了呢？

小和尚想啊想啊，终于想到了一个他认为比较好的办法：明天早上在清扫院子之前，先用力摇树，把落叶统统摇下来，这样后天就可以不用辛苦扫落叶了。一天就能干两天的活了，小和尚为这个想法兴奋不已。

于是第二天，小和尚比往常起得更早些，跑到树下，使劲地猛摇树，这样他就可以把今天跟明天的落叶一次扫干净了。一整天小和尚都非常开心。

第二天，小和尚慢吞吞地起床，反正今天不用清扫院子，不用那么着急起床。等他起床走到院子的时候，便傻眼了，院子里如往日一样落叶满地。

老和尚走了过来，意味深长地对小和尚说："傻孩子，无论你今天怎么用力，明天的落叶还是会飘下来啊！"

世上有很多事情是不能提前完成的，何必忧虑明天的事情，让自己如此烦恼呢！活在当下，用积极的态度面对眼前的工作和生活，这才是最真实的态度。

有人说过："怀着忧虑上床，就是背着包袱睡觉。"睡觉的时候还背着包袱，怎么能休息得好呢！总是有很多人，脑子里充满了这样那样的烦恼，以至于不能安心工作，连睡觉之前都在唉声叹气。其实这些烦恼，都是工作生活中琐碎的小事，根本不用忧虑，何必浪费自己的脑细胞，在担忧这些事情的时候又耽搁了正经的工作。不能专心去工作，说不定你忧虑的事情之一——失业，会很快到来。

我们身边这样的人非常多，尤其是一些老人。当爷爷奶奶的，整日担心孙子孙女考不上重点小学、重点中学、重点大学，因此愁肠百结；有的老人，身体本来好好的，可总是担心明天会得什么病，因此寝食不安；有的老人听说某老人去世了，他心里就计算着自己还有多大活头，以至自己的心头总是笼罩着一片难以挥去的乌云……百病皆由心生，在担忧的过程中就把身体给整出问题了。也就是说，活在当下，心宽才能体胖，这是身体长寿的秘诀。美国著名医学家奥斯勒教授享年98岁，他的长寿秘诀是："经常说：'今日最好'。"对于明天，他说："我们不要为明天忧虑，不要为还没有发生的事情而忧虑。"

《大学》有云:"苟日新,日日新,又日新。"每天都会发生新的事情,这些新发生的事情当中并不是样样是坏事。一位哲人也说过:"即使不幸注定要在明天来临,你也没有必要今天就为它付出代价。"预支明天的烦恼,只能使今天活得不快乐、不舒畅。明天是个未知数,只有今天才是实实在在属于自己的时光。人生漫长,有很多美好的事情等着我们,很多惊喜等着我们,很多机遇也在等着我们,如果我们满面愁容、愁肠百结,这些美好的东西,我们很难享受得到。过好今天,才是最大的、最现实的收获。

活在当下,还需要忘记过去的烦恼。人总有过去,走过的路不一定都是平坦的,而且自己也不可能不犯错误。有些人就喜欢说后悔,把过去的失误、过去的烦恼放在自己心头。英国有一句名言:"勿因已倾的牛奶而沮丧。"过去已经不可挽回,何必还耿耿于怀,过去的就让它过去,无论挫折和失败,无论怨恨和悲切,无论情殇和误解,都统统把它忘掉吧,腾出一片天地,让快活刷新今天的日子。

王召原来是一家汽车集团公司的高层管理人,他做事稳重,工作能力得到大家一致的认可。他又是一个事业心非常强的人,当初从公司底层一个小员工,一路走到职业经理人的位置,也非常不容易。他萌发了自己创业打天下的想法。于是在多方位思考之后,王召辞职,自己单干。当时公司很不舍得放他走,但见王召踌躇满志、雄心勃发,也不忍心挫伤他的梦想,也就同意了。

辞职之后的王召开始做市场调研,凭着自己多年来对汽车行业的经验,他觉得汽配业的前途非常好。不久,他就开起了自己的汽配公司。自己当了老板,要操很多心,公司刚刚起步,里里外外都需要他打理。

就这样,两年后,王召找到自己从前一位关系好的同事李志一起喝酒,酒桌上,他大吐苦水:"唉,早知道创业这么难,真还不如继续做职业经理人,前者要处处担惊受怕,而后者却没什么风险。"李志想到他两年前意气风发、踌躇满志离开公司，而今却茫然失措、灰心丧气，不禁大为吃惊。

王召又继续吐苦水：

"看这样子，真不知明天机会在哪；否则，公司真不知如何撑下去。"

"假如今天有笔大业务就好了，明天就不愁了，可是谁肯帮忙呢？"

看到好朋友这样愁眉苦脸，李志劝说道："创业本身就不容易，你当初开始的时候不是都想到了吗？虽然做高层管理不用担风险还可以拿到高薪，但是你开始创业，已经表示你有了新的人生起点。况且你现在已经开始创业了，就算放弃这个公司也回不到从前了……"

李志一番话提醒了王召，是啊，就算现在这样忧虑，即使放弃，也是不可能回到从前的。况且，自己也不忍心放弃辛辛苦苦创立的公司，虽然它很小，面临的困难还很多，但是哪个公司在创立之初不是这样的呢！

想到这里，王召又看到了希望，不就是继续坚持吗？不经历风雨怎么能见彩虹！他决心重新调整自己的心绪，摆正自身位置，不再留恋过去。他想了很久，终于放下自己心灵的包袱，全身心地投入到自己的事业中。

一个月之后，公司接到一个大订单。

半年后，公司慢慢进入轨道。慢慢地，在业界有了声誉。

留恋过去、担忧未来，这是很多人会犯的通病。留恋过去毫无意义，而且在留恋过去的时候，容易陷入茫然的状态，对自己的发展很不利。不要一味地忧虑，要从现在的事实出发，把更多的时间花在想着怎么解决今天的事情上。明天如果有烦恼，你今天是无法解决的。唯有保持坚强的心灵，即便有任何困难出现，也可坦然去面对、去解决。职场是一个大社会，把心放开，过好今天，为明天打基础，至于明天的烦恼，明天去坚强面对吧！

[快乐在于积极向上的心态]

　　心态积极的人，会认为每一件事情对人生都有深刻的意义。积极的心态是对任何人、任何事、任何环境一种正确的认识。既看到生活中好的一方面，又看到坏的一方面。积极的心态是无穷的力量，可以造就快乐人生。即使面对困难挫折，他也能看到光明和希望，不会感到沮丧、失望；相反地，会采取措施积极去解决。

　　有一个年轻人，刚刚结婚不久，又刚创办了一个公司，可以说一切都欣欣向荣。突然有一天，他却被查出白血病。他一时不知道怎么接受这个现实，天天闷闷不乐，感觉自己的人生一点希望都没有了。于是不再去打理公司，脸上不再有笑容。更让家人担心的是，他拒绝接受治疗，打算就此自暴自弃。

　　一天，他又百无聊赖、心情沮丧地在外面游荡。他在一个公园的门口看到一个盲人在拉二胡，声音却充满了快乐向上的味道。奇怪的是，他面前摆着一面镜子。他忍不住打断盲人的演奏："你眼睛都看不见，拉的二胡还这么快乐？"

　　盲人爽朗地笑了："眼睛看不见，我暂时又无力去改变，就算忧愁也不能让它们好起来，还不如快乐一点。再说不快乐是一天，快乐也是一天，何必要充满悲伤地度过呢？"

　　他又问："那你面前为什么摆一面镜子呢？你又不能照镜子。"

　　盲人又答道："年轻人你就错了，我现在不能照镜子，不代表将来不能照镜子。所以，我希望有一天出现奇迹，并且也相信有朝一日我能用这面镜子看见自己的脸，因此不管到哪儿，不管什么时候我都带着它。"

　　在他快离开的时候，盲人又说："我的二胡和镜子让我感到人生非常美好，所以我要快乐地活下去……"

他的心被深深震撼了。回到家告诉家人他要接受治疗，而且开始面带笑容。家人不理解他的变化，他却理解自己：快乐活着，奇迹会出现的。

不知道故事的男主角最后有没有战胜病魔，但是他拥有了最珍贵的东西，那就是积极的信念和一颗追求快乐的心。所以，他之后的人生也是灿烂的。

人生不可能一帆风顺，总会遇到许许多多的不如意。我们所能做的就是敞开胸怀接受不可以改变的，鼓足勇气去改变可以改变的，任何时候都要用积极的心态去面对。职场上也不可能事事如意，总有这样那样的苦难和挫折，比如被炒鱿鱼、找工作吃闭门羹、遭到上司批评、升职问题等，这些再平常不过的问题，我们都会遇到。如果遇到这些问题，我们都逃避、退缩、担心忧愁，那么我们每天上班愁眉苦脸，又怎么会快乐呢？总是不快乐，哪有工作效率呢！所以，我们只有改变心情，用乐观的心态去面对。

快乐是可以选择的，选择权就在你手上。你有乐观的心，你就会发现快乐很容易、很简单。

有一位国王，吃的是山珍海味，穿的是绫罗绸缎，每天歌舞升平，享受众多臣民的膜拜，但是他并不快乐，经常忧心忡忡、闷闷不乐。因为各种各样的原因，他常常吃不下饭，睡不好觉。后来，他的身体变得非常虚弱。太医来为他看病，开了一个药方：让他穿上全国最快乐人的衬衫，病就会好。

国王便命令最忠诚的几个侍卫去寻找最快乐的人。

侍卫们认为首相是最快乐的人，他是全国除了国王最有权势的人，应该最快乐。但是，首相说："我每天都担心国家有没有灾害，会不会发生战争，国王的身体怎么样。我一点都不快乐。"

侍卫们又找到当时最富有的大商人，商人一样愁眉苦脸，他说："我也不快乐，我操心货物能不能卖个好价钱，惦记借出去的钱能不能收回来。"

除了首相和富翁，侍卫们不知道还能去找谁。但是不能空手回去，否则会遭到国王的惩罚。他们便失望地走在路上。突然，从一个破败的巷子里传来一阵歌声，歌声并不是很优美，却让人感到舒心快乐。他们顺着歌声找去，看到一个流浪汉坐在一棵树下唱歌，神情悠然，眉眼间都是快乐。

他们问流浪汉为什么这么高兴。流浪汉说："我刚刚吃了一顿饱饭，而且你看，今天的天气多好，你仔细闻一闻，微风把花园里的花香都带过来了。我当然快乐了。"

侍卫们大悟，这流浪汉才是全国最快乐的人。他们给流浪汉讲了国王的病，流浪汉很同情地说："我很乐意帮忙，但是我一件衬衫也没有。"

流浪汉的快乐非常简单，因为吃了饱饭，天气又好。其实按照他的生活条件，他要担心的事情太多了，他之所以如此快乐，就在于他能想得开。国王拥有太多，之所以不快乐，就在于他想不开。人生烦恼有三个原因，一是看不懂，二是想不开，三是放不下。其实只要心态积极，快乐就来得很简单。

那么，如何培养积极的心态呢？

一是心中要有梦想，要有追求。这是一个人的精神支柱，没有任何追求的人，会觉得活着没有意义。有追求，才会有动力，在遇到困难的时候相信自己一定能坚持下去。

二是要有自信心。有自信的人，才能精神蓬勃。每天给自己打气，告诉自己"我能行"！

三要保持强烈的好奇心和求知欲。有着强烈好奇心和求知欲的人很少会对自己的工作感到厌倦。因为他们会把自己的工作看成是一次学习的机会，所以他们会积极地工作。

四是要热爱生活和热爱工作。热爱生活，生活中的一切都是有意义的。

热爱工作，在工作中寻求自己的人生价值。

积极的心态，是我们对人对事的一种态度。我们无法决定外在的环境，但是我们能够决定我们对待环境的态度。曾经有人问英国文学家萧伯纳："请问乐观主义者与悲观主义者的区别何在？"萧伯纳回答道："这很简单，假如桌子上有一瓶剩下一半的酒，看见这瓶酒的人如果高喊：'太好了，还有一半。'这就是乐观主义者；如果有人对着这瓶酒叹息：'糟糕，只剩下一半。'这就是悲观主义者。"

心理学家霍德斯做过这样一个实验：他将同一张卡通漫画显示给两组被试者看，其中一组的人员被要求用牙齿咬着一支钢笔，这个姿势就仿佛在微笑一样；另一组的人员则必须将笔用嘴唇衔着，显然，这种姿势使他们难以露出笑容。结果，霍德斯教授发现前一组比后一组被试者认为漫画更可笑。这个实验表明我们心情的不同往往不是由事物本身引起的，而是取决于我们看待事物的不同方式。半瓶酒，积极者和消极者看待的方式不一样，得出的结论自然也就不同。

一次，美国前总统罗斯福的家中被盗，丢失了许多东西。一位朋友知道后，就马上写信安慰他，劝他不必太在意。罗斯福给这位朋友写了一封回信，信中说："亲爱的朋友，谢谢你来安慰我，我现在很平安，感谢生活。因为，第一，贼偷去的是我的东西，而没伤害我的生命，值得高兴；第二，贼只偷去我的部分东西，而不是全部，值得高兴；第三，最值得庆幸的是，做贼的是他，而不是我。"

事情既然已经发生，我们不可挽回，如果总是为失去的东西耿耿于怀，除了让我们的心情变糟糕之外，一点帮助都没有。而换个角度看待问题，在不利的事件中看到有利的一面，在消极的环境中看到积极的因素，在茫茫的黑夜里看到希望的黎明，在凄风苦雨中看到美丽的彩虹。这就是罗斯福的处世哲学,也是他闪耀着的人格魅力。

有了积极向上的心态,就会正确看待得与失,错与对,成功与失败。积极向上的心态,不会让阴郁遮挡快乐的笑容。学着享受自己现在拥有的一切,在工作中寻找乐趣,享受工作,享受人生!

[平和的心，
  绝不带着情绪工作]

[天空下雨，办公室晴朗]

现代社会，工作与生活是紧密联系在一起的，也是相互影响的。生活中难免会遇到一些烦恼，有些人在工作的时候便被这些烦恼所左右。情绪恶劣的员工，工作态度一定不是积极的。这种类型的人有一个共同的特点：他们总是把周围环境中每件美中不足的事情放在心上，被周围事情的烦恼和消极念头捆住了手脚，使他们很难体验到快乐，带着工作以外的情绪工作，感觉工作就如同地狱。

那么，生活中哪些事情会导致人们情绪不佳呢？

比如天空下雨。某员工早晨起来上班，看到天气阴沉沉的，但好像又不会下雨，嫌麻烦也就没带伞。走到半路上，天空突然下雨，躲雨又怕时间来不及，于是匆匆忙忙在雨中奔跑。到了公司，他已经全身湿透，满肚子的火气。这一整天心情都不会好，脸上看不到半点笑容。

比如路上堵车。现代城市，堵车是司空见惯的事。尤其是一大早，人们都去上班，不管是挤公交的，还是自己开车的，免不了遇到堵车。有的员工遇到这样的事就憋气，到了公司就开始埋怨："倒霉死了，又堵车，搞得人心情一点都不好……"然后从交通骂到政府，从政府骂到公司的制度……他一整天就被自己的埋怨冲昏了头脑，哪里能安心工作？

还比如失恋、与伴侣吵架、与家人闹矛盾等。他们会把对伴侣和家人的埋怨、气愤等情绪迁怒到工作中。

还有其他一些生活问题，他们在上班之前就感到郁闷，那上班的时候肯定是带着情绪。又由于带着情绪工作，工作无法专心，效率低，自然会遭到上司的批评——这样一来，情绪会更加糟糕。于是，他又开始带着情绪去工作，开始新一轮的抱怨：沮丧——出错——倒霉。如此，便背着"情绪包袱"进入了一个恶性循环的怪圈。

小张在一家汽车公司担任客户经理已有四五年，业务能力很优秀，公司老板也很认可他。但是由于他性格耿直，人缘不是很好，导致一直没有升迁的机会。他觉得自己在这家公司也没有什么发展前途，于是就愤然辞职。

之后他去另一家汽车公司应聘，正好这家公司在寻找客户总监的职位，看了小张的简历，这家公司对他的客户资源和行业背景颇感兴趣，给了他一次面试的机会。虽然是面试，但是看情况应该是谈论薪金之类的问题，可以直接录用了。

面试的前一天晚上，小张把闹铃调得比平时早半个小时。但是第二天早上闹铃居然没有响，他匆匆忙忙起床洗漱过后，狂奔到对方公司的班车点，却发现班车早就走了。为了不错过约定的面试时间，小张便打车前行。但是路途比较远，他住在城市最南，对方公司在市区偏北。几乎穿越了整个城市，而且路上还堵车，小张憋了一肚子的火气。

好不容易到了对方公司，他刚踏进电梯，超重铃居然响了，门内一片沉默。门重新合上，接着又开了……看了看腕表，叹一口气，正抬脚准备出去时，一个穿正装的女人却匆忙走进电梯，无意中踩到了他的鞋上。他的脚当时很痛，还没来得及等到对方道歉，他就控制不住地大喊起来："啊！你有没有看到我的脚？天呐！"电梯里的所有人都很惊讶地看着他。小张有点懊恼，这事要是搁往常他绝对没有这么大火气的。

从电梯走出来,小张的恼怒还没有消,但他还是调整了一下状态,走进了面试办公室。几分钟之后,门开了。小张瞪大了眼睛,心想:这下完了!因为来给他面试的就是踩他脚的那个女人!

遇到不顺是正常的,小张却把路上的坏情绪带到了面试的公司,把自己的坏心情转移到踩他脚的女人身上。导致人们情绪不佳的事往往都是日常生活中经常发生的一些小事情,这些小事人人都会遇到。明智的人会对其一笑置之。他们明白,人生不可能万事如意,要坦然面对,学会放下,保持一个好心情。好心情是生活的甜味剂,带给我们无穷的快乐,好心情是"漠漠水田飞白鹭"的闲情雅致,是"采菊东篱下,悠然见南山"的怡然自得。在这样的好心情下,大的困难会化小,小的苦难会化无。

在实际工作中,我们会面临领导的训斥、同事间的不和谐、部门之间因缺少沟通造成的不理解、生活的不如意等问题,有的人就由此而积攒怨气,从而带着情绪工作,或是将情绪转嫁到无辜的人身上。如此一来,个人的情绪不但直接影响到个人的工作效率和工作质量,甚至会影响到同事间的和平共处,破坏平和的工作气氛。

托尔斯泰曾说过:"愤怒使别人遭殃,但受害最大的却是自己。"像愤怒这类不良情绪,如果把它们带到工作中,你不仅无法安心工作,而且还会影响其他人。

在美国一所大学里,分大课和小课。大课一般每次2小时,中间有20分钟的休息时间。教师们有专门的休息室,可以抽支烟、喝口茶,也可以闲聊,并且做一些上课前的准备工作。

最引人注目的是,休息室靠门的墙上装有一面大镜子,每位教师上课前总要到镜前整整衣领,捋捋头发。然而,不要小看了这面镜子,它不单单是为了整理仪表的，它还有一个更重要的任务，那就是化解坏情绪。

这面镜子是教导处主任找人装的，而且与她的一次经历息息相关：

有一次在家，她与丈夫吵架，之后就匆忙来到学校上课。因为心里有疙瘩，她一直想着这件事，感觉是丈夫的错，所以，她无法集中精力上课，情绪非常坏。主任教书多年，她的责任心和治学态度是有口皆碑的，这次在黑板上写字时却多次出错。正当她感到心烦的时候，突然回头看到一个女学生正低着头照手中的小圆镜。要在平时，她会停下讲课，用眼睛给女孩暗示她的错误，但今天，她一下子冲到女孩眼前，将女孩狠狠训了一顿。就在这时，她无意中从桌上的小圆镜中看到了自己的面孔，那是怎样的一副面孔呀！平时温和娴淑、优雅端庄的面孔被愤怒扭曲。她猛地顿住了。

从此之后，她便在休息室里装上这面大镜子，每次开例会的时候她都会说："我们在休息室安镜子，一方面是希望每位教师能做到衣着整洁，仪表大方，这是我们对教师的基本要求；但另一方面我们希望每位教师将不良的情绪留在这里，不要带进课堂。"

把不良情绪留到工作之外，否则将会影响自己的工作，对学生造成误导！

坏情绪具有传染性，相信很多人都深谙此理。美国一个心理学家长期研究发现，原来心情舒畅、开朗的人，若与一个整天愁眉苦脸、抑郁难解的人相处，不久也会变得情绪沮丧起来。一个人的敏感性和同情心越强，越容易感染上坏的情绪，这种传染过程是在不知不觉中完成的。美国密歇根大学心理学教授詹姆斯·科因的研究证明，低落情绪传染只需20分钟。因为上班前一点点生活琐事，你开始愁云满布，牢骚满腹，从而影响了办公室的其他同事，那就是你的修养问题了。

日常生活中，人们总会遇到一些不如意的事情。在这种情况下，首要是提高自身修养，不论在单位里，在社会上，还是在家中，都应该有群体观念。

其实，周围欢乐的气氛正能帮助自己冲淡不良情绪。其次，当人们看到某人脸色不悦时，则可推断此人目前正处于"欲求不满"的状态之中，最好退避一下，别在此刻"招惹"他。

不管外面下多大的雨，不管在外面有多大的情绪，走进办公室，最好把笑容挂起来，语气柔和起来，维持一个晴朗的办公室。在欢声笑语中，竭尽全力完成自己的工作，完成工作的同时，可以轻松地享受工作。

[正确处理与老板的意见分歧]

在彰显个性的现代社会里，每个人都有权利对所看、所听的事情发表自己的态度和意见。新一代的职场人也因为时代的不同而摆脱了过去的唯命是从，在职场上他们更愿意参与到管理中去，而非被动地接受管理。

这样的状态是进步的发展，灵活、新鲜的思想能够给企业带来新鲜的血液，此时如果员工的意见被采纳，那么这无形之中就增加了员工对企业的忠诚度和责任感。然而不能忽视的是，并非每次的意见都能被顺利地采纳，意见不一致的情况会时常发生在企业员工和老板之间。在这种情况下，如果不能巧妙地协调和领导之间的问题，就会产生严重的后果，不仅不能顺利地工作，甚至因此而失去工作。所以，与老板发生分歧，难住了所有的员工。

吕强是某民营制药公司的高级技术专家，在该行业已经工作了十年，拥有丰富的工作经验，目前负责公司药品的技术鉴定和新产品的开发。最近他们公司计划投入一笔巨资开发一种新型的药品，但他根据自己以往对市场的了解和现在药品市场的情况认为，目前市场上同类的药品有200种之多，已经处于饱和的状态，如果这时买地建房，扩充设备，再开发这类的药品无疑属于盲目投资。

身为新产品的技术专家，他的观点得不到老板的支持，老板仍坚持认为这个项目还有利可图。吕强看到公司现在的状态非常着急，工人们忙个不停，但企业却不断地亏损。但他也有自己的矛盾：他想坚持自己的决定，但是老板决定着自己的前途，而企业的成败与他的利益也息息相关。如果老板能够支持他，这样就能避免公司的损失；相反，如果老板不支持他，而他却坚持自己的意见，这样不仅会产生矛盾，甚至还会失去工作。

面对这样的情况，如果你是吕强，你又该怎么办呢？

首先，承认老板的智慧。古语云"在其位谋其政"，那么，既然老板已经在其位了，也肯定会为自己的决策认真考虑的。决策者既然不是你，你就应该尊重别人的决策。推销自己有个过程，老板为什么不接受我们的意见，可能是我们之前的一些做法没能取得别人的信任。何况，不在其位，有一些信息未必是你看得到的。关键时刻不能太自以为是，还是要以事实为依据，要承认老板的智慧，否则就不必在他的手下工作。

其次，从职场观点来分析，老板是你收入的决策者，在老板坚持自己的意见时，你一定要明白"退一步海阔天空"的道理，不必过分地争论。一个企业的发展与决策者是有很大关系的，如果决策者善纳谏言，那么就会推动企业的发展；相反，他就会走向失败。在老板拒绝你意见的同时，也就埋下了这样的隐患。而对于你来说，只要尽心尽力地做好自己的事情，做到无愧于企业，无愧于自己就可以了。

最后一点，是在确实无能为力的情况下的决定，那就是越级说出自己的观点，或者重新选择自己的"伯乐"。但是在选择这一步的同时，也是选择了对自己最大的考验，此时你必须充分地做好市场调查，做好足够的市场分析，整理好足够有说服力的数据，并以书面的形式加以总结，最终呈现给最高领导。这样做不仅显示了你的态度，而且这些资料也是对自己观点最有力的支持。

如何向上司提出自己的建议，方法与策略是必要的。问题来临时最好选择直接面对，在问题解决之后也要以正确的态度缓解与老板之间的矛盾。

第一，直接面对分歧。

当不可避免地和老板意见不合时，首先需要明确的是自己是否准确明白地领会了领导的意见和态度。一些人在自己的意见与老板不合的时候，就在员工之间传播自己的意见，从而造成了不良反应。实际上，这样的做法对自己和公司都是不利的。此时此刻，直接面对不失为良计。值得特别注意的是，要避免在公开场合表达不同意见，甚至和老板公开发生争执。而是选择一些相对安静和独处的环境，就事论事地向领导表明自己的观点。

然而，如何向领导表达自己的意见，有一些事实和数据作为支撑是必要的。通过这样的交流，不仅可以让老板理解你的意见的出发点；同时，员工也更多地了解了老板发表这个意见的原因，更多地理解老板的做法。

毕竟企业中因为每个人所处的位置不同，得到的信息也是不同的。老板需要对整个企业负责，因此老板的信息是相对全面的。员工却因为日常工作职能所限，可能有些信息不会了解到。当直接面对分歧的时候，可以让员工真正参与到管理中去，从而加深对企业的理解和担当，减少企业中的敌对情绪。

第二，分歧之后的态度。

直接面对分歧的后果如果可以和老板达成一致意见，那当然是皆大欢喜的，然而一旦老板还是坚持己见，员工应该用怎样的态度来回应呢？

那就是顺从地接受老板的意见，并且欣然执行。这里所说的执行不是因为无奈于老板而消极应对，而是相信真理最终会被证实，同时也给老板一个重新认识的机会。

如果你是对的，老板在执行过程中也会不断修正自己的意见，最终肯定你的意见。如果老板的意见是部分正确，那么你可以在工作需要的时候进行及时纠正，补充不足，挽救损失。如果在工作进行中发现原来错的是自己，这样你就必须感谢你的领导，给了你一次用实践证明自己错误的机会。相信，实践的说服力比理论的印象深刻得多。以后对于同样的错误也会避而远之。

其实，换一个角度考虑问题，和领导的意见分歧也从另一个角度影射出了上级与下属之间的相处不和谐。和谐的相处就会沟通顺畅，分歧自然也就会消除。

[不做情绪的奴隶]

把办公室外的情绪带到办公室，这是情绪化的一种。职场人士最大的忌讳之一就是情绪化，情绪化贻害无穷。所以，职场人士所具备的能力之一，就是控制自己情绪的能力，不做情绪的奴隶，要做情绪的主人。

首先，我们要明白，情绪是人体的正常反应。就像影子一样，情绪存在于我们日常的工作、学习和生活中。情绪有好情绪和坏情绪之分，也就是积极情绪和消极情绪。在英国有这样一个研究资料：

20世纪初，英国医生费里斯和德国心理学家斯沃博特同时发现了一个奇怪的现象：有一些病人因头痛、精神疲倦等，每隔23天或28天就来治疗一次。于是他们就将23天称为"体力定律"，28天称为"情绪定律"。20年后，又有医生提出了"智力定律"，以33天为周期。这就是生物三节律。其中的情绪定律，同其他定律一样，有自己的高潮期、低潮期和临界日。在高潮期内，人的精力充沛、心情愉快，一切活动都被愉悦的心境所笼罩；在临界日内，自我感觉特别不好，健康水平下降，心情烦躁，容易莫名其妙地发火，在活动中容易发生事故；而在低潮期内，情绪低落，反应迟钝，一切活动都被一种抑郁的心境所笼罩。高潮期，即积极情绪，工作期间如果是积极情绪，毫无疑问能够在愉快的心境中享受工作。而临界日、低潮期，就是消极情绪，那么工作的时候很显然没有进入状态，自然没有效率。我们所谓的情绪管理，就是尽可能地控制消极情绪或将消极情绪尽快转化为积极情绪。

成功人士最显著的能力之一，就是能够控制自己的情绪。一个处事到位的人，往往是懂得控制情绪的人，懂得在工作中不表露出任何情绪变化而影响到工作，甚至是在某些特定场合，懂得刻意收敛自己的情绪，而对别人形成一种威慑力，便于工作的顺利完成；一个处事不到位的人，往往把个人的情绪在工作中表露无遗，不仅让人生厌，更会令自己工作起来倍感吃力。

美国心理学界进行过"情绪管理"研究，经过研究表明，管理情绪是大多数工作的一项基本要求，尤其在管理、服务行业更是如此。同样，在中国这样一个自古讲究"君子之交"的社会中，学会自我调节，是保持良好人际关系，获取成功的一个重要条件。

美国一个心理学家经过研究发现，一般人的一生平均有十分之三的时间处于情绪不良的状态，因此，人们常常需要与那些消极的情绪作斗争。很多人会把这些不良情绪表现出来，一方面影响了自己的工作状态，另一方面也直接性地影响了身边的人。我们的生活离不开情绪，因为它是我们对外面世界正常的心理反应。我们所必须做的只是不能让我们成为情绪的奴隶，不能让那些消极的心境左右我们的生活。

消极情绪害处多多。

首先是身体上的。《黄帝内经》中说，人有七情六欲，喜伤心，怒伤肝，忧伤肺，思伤脾，恐伤肾。可见，情绪反应是人们正常行为的一方面，但用情过度却会伤害身体。很少有人生来就能控制情绪，但日常生活中，人们应该学着去适应。现代科学家们已经发现，经常发怒和充满敌意的人很可能患有心脏病。哈佛大学曾调查了1600名心脏病患者,发现他们中经常焦虑、抑郁和脾气暴躁者比普通人高三倍。对已患了某种疾病的人会进一步加剧生理功能紊乱,降低对疾病的抵抗力,加速原有疾病的进一步恶化。

其次是精神上的。长期的情绪恶劣,如果不能及时进行自我调节,会引起心里抑郁。长期大量酗酒,久而久之容易造成酒精依赖或酒精中毒,导致人格改变,智力下降,产生某些精神症状,甚至产生自杀、冲动、伤人、毁物或违法行为。

另外,不良情绪会影响周围人的好心情。在职场,一个人的坏情绪如果不加控制,肯定会影响其他人,从而导致人际关系紧张或恶化。尤其在职场,身边不是同事就是上司,你的工作质量都掌控在他们手中,如果因你的坏情绪与他们产生矛盾,最后吃亏的也是你自己。

意识到坏情绪的危害,我们如何来控制坏情绪,做好情绪管理呢?

首先,我们应该意识到,要摆脱这种坏情绪。我们要明白,长期陷在坏情绪之中,并不能改变现状,往往还会使情况变得更坏。我们需要调整自己,摆脱消极情绪的控制,勇敢面对不如意的现实。不管情绪怎么样,我们不能因情绪不好而影响自己的工作,留给上司和同事一个坏印象,说不定本来属于你的一次晋升机会就失去了,甚至失去这份工作。

其次,摆脱坏情绪有很多方式。比如转移注意力,当遇到困难挫折时,通过转移注意力的方法来切断不良情绪的发展,发挥自己的优势和兴趣爱好,把不良情绪转移到现实行为中去,以弱化坏情绪的提升,切记不要把心中的烦恼和怨气发泄到他人身上,或采取一些不良的嗜好进行错误的应对。工作是最好的疗伤药,把全部的精力集中在你手头的工作上,在工作中寻找满足感,那种满足感将会掩盖你的坏情绪。或者适当倾诉一下,找一个私人关系要好的同事,午饭期间在一起聊一下,有什么不舒服的讲出来,总比一个人闷在心里好。

被情绪控制的人，事业上往往非常平庸。这种员工总是以情绪不佳为借口，对工作马马虎虎，应付了事。既然我们去工作，就应该具备极其端正的心态，工作应该有工作的样子，工作应该有工作的态度。我们不能要求工作能为自己带来什么收获，我们考虑更多的应该是如何将工作完成得更好，并一直保持着一颗端正的心；进入工作，应该懂得区分好公与私的关系。情绪不是借口，完成工作任务才是我们的责任。一个想要成功的人，首先要学会控制自己的情绪，工作中不要让喜怒哀乐表现在脸上，要全身心投入到工作中，在工作中体味乐趣。

有句话说得好："高官不如高薪，高薪不如高寿，高寿不如高兴！"人生短暂，不要让那些烦恼影响了我们的好心情。职场中，保持心情快乐的途径有两条：第一，发现使你快乐的东西增加它；第二，发现使你不快乐的东西减少它。工作本身就是一个体力加脑力的双重劳动，何必要让其他的烦恼事加重劳动的负荷？与其带着这些烦恼去工作，还不如暂时抛开烦恼，带着轻快的心情工作，之后想办法去解决这些烦恼事。

[抱怨者的世界里没有绿洲]

身在职场，我们经常会遇到这样的人，他们总是满腹的牢骚，不停地抱怨。从抱怨生活琐事，到抱怨老天的不公，具体就是抱怨工作的烦恼：自己的工作怎么不好，怎么不适合自己，自己怎么不被重视，老板怎么样不好，同事怎么样不好，等等。反正在抱怨者的世界里，到处都是荒芜的，没有绿洲。

世界首富比尔·盖茨曾经说过："人生是不公平的，习惯去接受它吧。请记住，永远都不要抱怨！"这对于喜欢怨天尤人的人来说，很不可思议，世界首富还说人生是不公平的。不要惊讶，他现在拥有的财富不是从天上掉下来的，也不是他父母留给他的，而是他一步步通过努力得来的。然而却有很多人面对别人奋斗得来的财富、地位等，在羡慕之余抱怨是老天不公平不给自己这样的机遇，是父母没本事没留给他们像样的家业，等等。当然，人生确实如此，农村出生的孩子与城市出生的孩子，他们的起点不一样，那么农村的孩子想要得到与城市孩子一样的东西，就要比别人更努力。富人家的孩子受的教育好，事业发展起来比较顺利。这种现实，是无法改变的，那就接受吧。而你不停地抱怨，只能让自己找这样或那样的借口而不去努力奋斗。

很多成功的企业家，在他们早年"寄人篱下"的时期，或是艰辛的创业时期，他们的确从不抱怨。并非他们麻木不仁，或者是个"任劳任怨"的傻瓜。实际上，他们没有时间抱怨，他们知道，抱怨不仅耗费能量还于事无补，他们要做的，就是把手头的事情尽可能做好。

有这样一则寓言故事：

一只乌鸦打算飞往南方，途中遇到一只鸽子，一起停在树上休息。鸽子问乌鸦："你这么辛苦，要飞到什么地方去呀？为什么要离开这里呀？"乌鸦叹了口气，愤愤不平地说："其实我不想离开，可是这里的居民都不喜欢我的叫声，他们看到我就撵，有些人还用石头打我，所以我想飞到别的地方去。"鸽子好心地说："别白费力气了，如果你不改变自己的声音，飞到哪里都一样，都不会受欢迎的！"

很多抱怨者，总是把眼睛放在别人身上或环境上，而不去注意改变自己。当你在抱怨工作太累，工资太低的时候，你想过你现在的工作能力值得多少薪水吗？当你看着别人开着名车，住着高级住宅房，抱怨老天不公平的时候，你想过你为这些你羡慕的东西付出过多少努力吗？况且，抱怨只能赢得一些宽慰之词，使不满得到暂时缓解。你的抱怨根本无法解决问题，无法让你摆脱现状。而且，持续地抱怨会使人在思想上产生动摇，进而产生敷衍了事的心理，他们会失去工作的动力，平时总是应付工作，结果业绩出不来。因为抱怨，很多员工不能承受企业暂时的困境，所以消极对抗上司分配的任务，遇到一些不满意就跳槽，改弦易辙。

职场上，企业老总最不喜欢的就是喜欢抱怨的员工。他们的抱怨可能集中在老板如何不好、公司如何不好。到底老板哪里不好了？他们无非说老板给的工资太低，工作太繁重，还动不动训斥人，等等。一个普通员工哪里会知道老板的辛苦，他难道不希望员工都高高兴兴工作，他难道不希望员工佩服自己而不是埋怨吗？同样面临很大的压力，承担更大的责任，不仅来自公司内部，还有公司外部。老板最怕的就是抱怨的员工，最讨厌的也是抱怨的员工。所以，当你在抱怨的时候千万不要让你的老板听到，否则下一个被炒掉的也许就是你。

而抱怨公司不好的员工，既然公司不好，为什么当初要选择这个公司呢？既然选择了，不好好去工作，得不到老板的赏识，明明是自己能力问题，却要怪罪于公司前途不好、制度不好。

于是，抱怨的员工都会面临两个下场，一是被老板炒掉；二是被自己炒掉，跳槽去其他公司。但是爱抱怨的员工，每次换了新工作，都用"批评性"的眼光看待工作中的一切，不知道珍惜眼前的机会，最后"蹉跎了岁月"，而自己还在跳来跳去，根本找不到职场目标和机会。

陈丽是一个平面设计师，她所在的公司是一家广告公司，在业界是很有名气的。她以前在一家小广告公司上班，工资很低，所以就辞职了。刚开始，她找到这份工作的时候还是比较满意的。所以，她打算好好在这家公司干下去。

但是进了公司，陈丽发现这并不是她想象中的大公司，公司处在发展初期，管理有点混乱，老板经常会临时做决定、改计划。最让她受不了的是，老板总是三天两头挑她的毛病。她感觉自己能力很不错，设计的作品也不差，但是老板还是三番五次让她改。另外，她还发现这家公司竞争力太强，人人都在想着怎么升迁，让她感觉很有压力。陈丽对这家公司又感到失望了。

她每次上班都会抱怨几句，说"老板怎么用这种管理制度？""看起来公司大，实际上却是空壳"，等等。有同事好心提醒她千万不要说太多，让老板听到可不好了。但是抱怨已经成了一种习惯，她每天不说几句总觉得不对劲。终于有一天，她在喋喋不休抱怨的时候，老板正站在她背后。老板平静地对她说："既然你觉得公司不好，那你明天就不要来了！"

老板虽然装作很平静，但实际上非常生气，但是公司正缺人手，陈丽能力不错，暂时并不打算辞退她。但是陈丽认为老板在给她委屈受，反正她也不想在这家公司久留。于是陈丽便辞职了。

辞职之后的陈丽又找到一份工作，发现这份工作还不如以前，于是又开始抱怨。

对于习惯抱怨的人来说，没有什么工作是满意的。如同那只乌鸦一样，你的叫声不好听，到哪里居民都不会喜欢。你总是带着挑剔的眼光去看待工作，看待你的上司或者同事，那看到的肯定是不好的。要明白，世界上没有十全十美的工作，而且我们自己也不一定什么都好。

如果一个人对自己目前的环境不满意，唯一的办法，就是让自己战胜环境、超越环境。一方面改变自己的心态，改变自己看待事情的角度；另一方面努力工作，加强职业技能，提升自己的工作能力。

所以，与其抱怨，不如改变心态。命运不会因为抱怨而改变，要想改变自己的命运，首先就是努力工作，不要把时间和精力花费在抱怨上，要调整自己的心情，接受工作的全部，带着一个愉快的情绪投入到工作中。只有不抱怨工作的人，才是最快乐的人；只有不抱怨工作的员工，才是最优秀的员工。

[浮躁心理让工作杂乱无章]

　　心浮气躁是现代人普遍的一种心理状态，它会让人们产生各种心理疾病，成功、幸福和快乐也会被它所羁绊。浮躁是一种情绪化，是工作的大敌。工作中心情浮躁，会让人产生茫然不安、不知所措的状态，无法好好工作。

　　现在的社会，人人为了生活而奔波，生活和工作都是快节奏。在这样的快节奏下，人们很容易产生浮躁心理。尤其是职场一族，面临很多压力的时候，更容易浮躁，从而迷失了方向。在这个瞬息万变的物质世界中，当我们对自己失去准确定位的时候，就会随波逐流、盲目行动，对自己的未来产生迷惘，辨不清自己前进的方向。

　　尤其是刚刚毕业的大学生，刚从学校那个环境脱离出来进入职场。上学时期的满腔抱负依然存在，他们没有料想到职场并不是那么容易的地方。当突然遇到一些困难，或者因其他原因而产生一种"虎落平阳"、英雄无用武之地的心理，渐渐心猿意马起来，工作就不在状态了。

　　那么这种浮躁心理，除了整个社会性的快节奏生活外，还有其他哪些原因呢？

　　一是相互攀比。"职场人"的过度攀比是造成其心理浮躁的一个重要原因。因为攀比，有些人开始对自己的生存状态不满，浮躁情绪、跳槽情绪油然而生。他们攀比什么呢？当然是攀比物质生活，他们看到别人享受高档的物质生活，那是因为别人找到了一份好工作，看来自己这份工作工资这么低，也没什么干头。一些刚进入职场的高校毕业生，在与同学聚会时，发现其他同学与自己能力相当，甚至不如自己的，都过得比自己好，心里就感到极度不平衡，产生浮躁心理。还有一些女孩子，看到自己的姐妹找了一个有钱的老公，天天不用上班，享受各种奢侈品，她们也会产生浮躁心理。以金钱作为人生奋斗的目标，没有什么不对，但是一味地攀比物质生活，忽视精神上的追求，把工作单单当作一种赚钱的方式，那么这种工作是痛苦的，无法在工作中获得享受，就算得到金钱，你也一样不会开心。

二是急于求成。这多发生在刚毕业的大学生身上。从他们工作的第一天起，每个人的心中都有一番雄心壮志，都希望在工作中尽快脱颖而出，尽快地走上公司的管理阶层。但是每份工作都是从最底层做起的，不可能一蹴而就，他们却幻想在最短的时间里，在各个方面都做到最优秀，让老板尽快给自己一个重要的领导岗位。当然，这是不可能的，在底层待了一段时间后，他们会认为是老板慧眼不识人才，自己得不到重视，才华得不到发挥，产生跳槽心理。任何事情都是一步一个脚印完成的，一个刚毕业的大学生更应该放低自己的位置，谦虚一点，脚踏实地努力工作，等到你工作能力得到认可的时候，自然会得到升职。也许你就是下一个潜力股，也许领导在对你考查一段时间后，会让你从事更多的更重要的工作岗位。但由于一个急于求成的心态，会让成功与你失之交臂。

小王是广州人，毕业于北方某名牌大学新闻专业。凭着名牌大学的文凭，小王顺利应聘到北京一家报社做财经记者。

几个月过后，小王在这家报社发展得很不错，上司很看重他。但是有一天，小王从网上看到广州一家报社招聘财经记者。南方长大的小王，很希望回到南方发展。于是他依然辞掉北京的工作，跑到广州那家报社去面试。

还好，他很顺利面试到了这个职位。但是，半年后他又打算辞职。原因是他觉得工作强度太大，自己身体也不是很好，不适应这个工作。于是他又找了一家报社。因为工作辛苦，且待遇不理想，他只干了不到4个月。他觉得自己的丰富经历是以后能轻松找到好工作的资本，没想到这次失业竟然持续了3个月。后来费尽周折才进了一家普通公司做企划宣传。

像小王这样的人大有人在，他并不是没有能力，他频繁跳槽，就是希望下一个工作会更好。但是下一个会更好吗？不一定。其实，频繁跳槽者提到的诸多原因都是表面的，最根本的原因在于心态的浮躁，并且缺少正确的职业认识和规划。

克服浮躁心理，方法有很多种。最重要的就是要认识自己，产生这种浮躁心理的原因是什么，并想办法去克服。比如是因为盲目攀比，那么就要明确自己的位子，自己与别人是否具有可比性，如果人家是靠关系得到的好工作，而你没有这个社会关系，那就认命，踏踏实实去做自己的工作。另外，要培养自己的务实态度，明白成功只有一条路可走，那就是做好你目前手头上的工作，明天再做好明天的工作，切莫好高骛远。

如果我们静下心来，认真去工作，在愉快的情绪中，我们得到的将会比预料中的更多。

[愤怒情绪是可以管理的]

生活中，我们最怕遇到失去理智、被怒火控制的人了。而职场中，失去理智的人也是有的，在遇到难以接受的事情的时候，很多员工便怒火中烧。这样会造成一系列难以弥补的后果，比如丧失信用、人际关系恶化、压力增加，而这些，都是扼杀你职业生涯的潜在大敌。在办公室中控制你的怒火，不要急着生气，学会管理愤怒，你将更能够纵横职场。

愤怒是一种情绪，来自于外在的刺激与自我的认知之间的矛盾。外界某些事情，与我们的观念、利益冲突非常大的时候，情绪会高涨，产生一种强烈的抵制情绪。愤怒本身不过是你情绪冰山的一角，它并不是独立存在的，而是被其他的情绪所引发，如害怕、怨恨或不安。

愤怒产生总是有原因的。本杰明·富兰克林曾经说过："愤怒从来都不会没有原因，但没有一个是好原因。"工作中，一般来说，当我们被欺骗、被侵犯、被不公平地对待，当我们的精力被无端耗费、前提条件被人随意改变、信息被封锁、资源被切断、能力不被重视、和同事间勾心斗角、恶性竞争，或是公司制度和环境不够健全、开放，失业率高涨等，都是引发职场愤怒的原因。除了外在因素，自身的问题也很关键，像精神方面的疾病，例如抑郁症、精神分裂症；另外，太过委曲求全、认为自己在为别人牺牲的心态，或喜欢控制、指使别人，也容易造成职场愤怒。

愤怒情绪是十分有害的。单单从身体上来说，心理学研究表明，脾气暴躁，经常发火，不仅增强诱发心脏病的致病因素，而且会增加患其他病的可能性。少发火的人，其死亡率和心脏病复发率会大大下降。愤怒也会带来其他方面的负面影响，除了自己不开心，也容易得罪别人，使人际关系变差，导致工作不顺利，甚至职位不保。

首先我们要明白，愤怒是人类正常情绪之一，是不可能消灭的。愤怒并非全是消极的、不好的、危险的和不被接受的。压制愤怒，会产生比愤怒本身更严重的后果。

比如，愤怒无法发泄，便把指责的对象从别人转向自己。于是，我们开始自我贬低、自我否定，总觉得自己是个受害者、自我惩罚、抑郁，损害性的饮食、工作、吸烟、酗酒等。这使我们的工作和身心都受到极大的伤害。

比如，我们自己过分强调愤怒带来的不利后果，于是一次又一次把自己的愤怒压抑起来。经过长时间的积累，当有一天这种压抑超过了我们可以承受的底线，大多数人就会情绪爆发：有时是指向了不恰当的人；有时是时间不合适；有时即使指向了正确的对象，但由于我们长期积累起来的所有情绪顷刻间全部爆发了出来，这样的突然袭击会让对方感到不知所措和无法接受。

其实，能够表达出你对工作的不满和愤怒，并非都是有害处的。英国一项研究结果表明，那些不说出自己同事和老板在工作中给予的不公平待遇的男人，其患心脏病的几率或心脏病死亡率是其他人的两倍。选择将矛盾和愤怒隐藏在心里而不是公开面对或向他人倾诉的做法，长此以往会让身体处于亚健康的状态，并大大增加患病的危险。反之，如果男人能够直面与老板和同事之间的冲突，表达出自己的愤怒，会大大降低患心脏病的危险。当然，表达愤怒，并不是表明情绪失控是可取的。因为愤怒情绪不可避免，我们要做的不是压抑愤怒，而是找到引发自己愤怒情绪的原因，在愤怒之前消除这些情绪，从而去掉愤怒带来的消极影响。愤怒管理，也是情绪管理的一部分。

愤怒管理有很多方式。其一，自我暗示。当愤怒的情绪即将爆发时，要用意识控制自己，提醒自己应当保持理性，还可进行自我暗示："别发火，发火会伤身体。"拍着自己的胸口，告诉自己，发怒不好，对身体不好，对工作不好，对生活不好，对人际关系不好。延长自我暗示的时间，等候情绪稳定下来。研究表明，愤怒所持续的时间不超过12秒钟，就如暴风雨一般，爆发时摧毁一切，但过后却风平浪静。所以如何度过这关键的12秒，让怒气自然消解非常重要。深呼吸，或者在心中默数10个数，当你做完的时候，你会发现，其实你已经没有那么生气了。

其二，换种方式反击。面对对方的无理要求，甚至挑衅，或者不公正待遇，不要用大喊大叫去跟对方发脾气，而采用另一种平和的方式。比如换一种说法来表达自己的情绪，会让你感觉一切尽在自己掌握中。"我对你的行为实在是感到很失望。"这句话比你暴怒时口不择言更有力量。或者面带微笑，以鄙视的眼神看着对方，说："我看不起你！"这会让我们自身显得更有修养。

其三，适时幽默。怒火过去之后，我们已经处于稍稍平静的状态。但是这时候，我们并没有原谅对方，那么来点幽默，给对方来点"阿Q"式的嘲讽，不仅能让你的愤怒找到更好的出口，还会让笑声给你带来更好的人缘。心理学家认为，因为幽默和愤怒在心理上不能共存，所以幽默能有效地赶走愤怒。所以，当你感觉到愤怒的时候，不妨幽默一下，让那些始作俑者感受到你的智慧以及宽宏大量。

其四，哭。这是职业女性常选择的一种用来释放自己的愤怒情绪的方式。眼泪释放的情绪是悲伤、失落和受伤，虽然并不一定会让我们不再愤怒，但至少可以缓和愤怒的情绪。

另外，选择一种方式发泄愤怒。你可以对着一个枕头猛打，也可以找别的出气筒，比如可以摔碎本想扔掉的废弃物，这会痛快极了。不过，更加节约积极的方法应该是去运动和健身。在跑步机上跑个半小时，让愤怒随着每一步从身体上流走。或者打拳击，打沙袋，等等。

所以，我们要正确面对愤怒，不是隐忍不发，而是选择合理的方式去发。职场是一个复杂的团体，身边的每一个人都将会决定我们的工作前途，因此不要轻易得罪任何一个人。平时，加强自身的修养，心态尽力修炼平和，遇惊不惊，遇怒不怒。学会宽容待人、换位思考。当你开始意识到，那些以前让你勃然大怒的事情如今不再让自己产生那么大的反应，以前经常体会到的那种有如"拳头捶胸"般的感觉不再出现，而被一种持久的内心的平和所替代，那么恭喜你，你已经学会基本的愤怒管理了。之后，你的职场之路将更加平坦。

[付出包容，得到的是信任]

办公室中，同事之间免不了出现摩擦。如果没有一颗包容的心，为一点点小事小吵小闹，甚至记恨在心伺机报复，实在是愚蠢之极。办公室和谐的工作氛围，需要每位成员共同维护，如果每个人都多一些包容，大家都会感觉如沐春风，干劲十足。包容是一种风度，有原则性的包容，能够得到同事们的信任和爱戴，我们的人际网络也会越来越牢固。

有位哲人说，天空收容每一片云彩，不论其美丑，故天空广阔无比；高山收容每一块岩石，不论其大小，故高山雄伟壮观；大海收容每一朵浪花，不论其清蚀，故大海浩瀚无比。一个人的胸怀能容下多少人，就能赢得多少人的尊重和喜爱。拥有一颗包容的心，待人有宽容的态度，这样的人，才是品质高尚的人，才值得别人尊敬。

德国的乌戴特将军是秃头。一次，柏林空军俱乐部举行盛宴招待空战英雄，众将士一起狂欢。这时候，一位年轻的士兵斟酒时不慎将酒泼到乌戴特将军的秃头上。刹那间，这位士兵吓傻了，完全不知所措，双手还在发抖。其他人瞬间停止喧闹，也都沉默了，人们预感这里将要发生一场不小的地震。将军见此，哈哈笑了，他轻抚士兵的肩头说："老弟，你以为这种治疗能再生头发吗？"会场立时爆发出经久不息的爽朗笑声，人们紧绷的心弦瞬时松驰下来，盛宴又出现了热烈的欢乐气氛。

还有一个故事：

春秋时期，楚国打了胜仗，楚王非常高兴，便在宫中大摆筵席，请臣子将士们来喝酒吃饭，席间歌舞妙曼，美酒佳肴，烛光摇曳。同时，楚王还命令两位他最宠爱的美人许姬和麦姬轮流向各位将士斟酒。

忽然一阵大风把宫中的蜡烛吹灭，宫中一片漆黑。趁黑，有人摸了许姬，许姬趁机揪下了那人的帽缨，并且悄悄对楚王说了这件事："刚才有人乘机调戏我，我扯断了他的帽缨，你赶快叫人点起蜡烛来，看谁没有帽缨，就知道是谁了。"

楚王沉思了几秒钟，也轻轻地说："将士们冒着生命为我打仗，我怎忍心为这点儿事处罚他们呢？"他忙喝住手下士兵先不要点燃蜡烛，并大声向各位臣子说："我今天晚上，一定要与各位一醉方休，来，大家都把帽子脱了痛快饮一场。"

帽子脱掉之后，灯也点亮了。所有人都没有戴帽子，断帽缨的那个人也不知道是谁了。

三年后，晋国来攻打楚国，楚王发现一名将士英勇杀敌，别的士兵在他的影响下，也跟着英勇杀敌，最终打败了晋国。

回宫后，楚王当面答谢这位将士，那将士却扑通跪在楚王面前："我就是那个被揪掉帽缨的人，当年楚王你不仅没有处罚我，还给我保留了名誉，我非常感激，所以我只有在战场上英勇杀敌，才能报答楚王的不杀之恩。"

一个宽容大度的人，更受到人们的信任和尊敬。如果乌戴特将军认为酒泼到头上有损尊严，而大发雷霆，严词训斥，他在将士们心目中的形象将一落千丈，没有多少人会再信任他，爱戴他的人也会减少。而楚王以他的包容心赢得了他人的信任，换来了他人的誓死效忠。法国思想家伏尔泰说过："宽容是什么？它是人性的特点。让我们相互原谅彼此的愚蠢吧，这是自然的第一法则。"宽容大度，就是要我们对别人无心的错误多包容一下，多去理解对方。

当一个人不慎犯有过失或错误，并且造成不良的后果时，他自己一定也会有所认识，并且为自己的过错感到后悔。此时此刻他最需要的是理解和信任，如果他人给予其理解和信任，会更激励人痛改前非，将功补过。相反，如果揪着他的过错不放，会让他更加难以释怀，可能使他无法原谅自己而去自我放纵。宽容，有一种感化的力量。

对别人宽容，也就是对自己宽容。一个时常拥有包容心的人，他的人生里只有永远的朋友，没有永远的敌人。因为包容心，让他与别人之间的误会消除，化干戈为玉帛，成为朋友。这是一种人格的力量。

伟大的总统林肯，儿时家境贫困，12岁的时候不得不辍学，去做了一个伐木工人。因为林场有很多伐木工人，为了区别劳动成果，工人们就在自己所伐的木头尾部用墨水写上自己的名字的第一个字母，然后再去向老板要钱。

林肯的全名亚伯拉罕·林肯，所以他就在自己伐倒的木材上写上一个"A"字。虽然林肯人小体弱，但是为了生活，他伐的木头也并不少。有一天，林肯发现自己辛辛苦苦伐下的10多根木头上被人写上了"H"。他非常生气，一时间又不知道怎么办，便回家告诉自己的母亲。

母亲给他讲了一个故事：

"从前有一个人叫斑卜，他以打猎为生，经常在密林中安装捕兽套子。有一天他又去收套子，却发现动物已经被别人取走了。斑卜很生气，就画了一个正午的太阳，还有两个人站在捕兽套边的图案。第二天他来到了这里，看到有一个浑身插满了野鸡毛的印地安人在那里等他。他们彼此语言不通，只能通过打手势来对话，印地安人用手势告诉斑卜这里是我们的地盘，你不可以在这里装套子。斑卜也打手势说：这是我装的套子，你不能拿走我的果实。斑卜想，与其多个敌人，还不如多一个朋友，于是他就大方地将捕兽套送给那个印地安人了。后来有一天斑卜打猎时遇到了狼群追赶，被迫跳下了悬崖，等到他醒来的时候，发现自己正躺在印地安人的帐篷里，伤口上还有印地安人给他上的药。此后他就成了印地安人的好朋友，和他们生活在一起，共同打猎。"

母亲讲完之后说:"孩子,你要学会宽容别人,这样才能使自己的路越走越宽广。要不然,你在社会上就会到处树敌,很难成功的。"母亲这个故事和这句话时刻影响着林肯。他时时刻刻保持一颗包容的心,这种宽容的美德为他以后的人生铺平了道路,最终当选为美国第16任总统。

在南北战争期间,林肯的宽容显现了非凡的作用。有人向总统举荐了很有军事才能的格兰特,但是整个国会却说:"格兰特嗜酒如命,脾气暴躁,根本就不适合领导军队。"林肯却坚持让格兰特领军作战,并且还说:"世界上没有十全十美的人,我们应当看到一个人的长处而不应当只盯着他的短处。格兰特将军英勇善战,这正是当前我们所需要的呀。"结果,格兰特不负林肯的希望,以他出色的军事才能,指挥军队很快扭转了局面,将南方军队打得大败,从而取得了南北战争的胜利。

包容是快乐的源泉。在这个快节奏的社会,我们的生活与工作已经紧紧联系在一起。如果工作环境不和谐,老是吵吵闹闹,明争暗斗,对某些不愉快的事耿耿于怀,那么,我们的生活还能过得快乐吗?包容的心,会让我们感觉快乐。不要拿别人的错误惩罚自己!即使是别人无心,或者是有意冒犯了你,何必太在乎而让自己因此而生气呢?我们要明白,百人有百性,性格上的差异是引起摩擦的最大原因。有人说过:"犯错是人性,包容是神性。"如果说人性中最美的部分是包容,那也不为过,有包容才有爱的能力。如果生活中不断地受到怨恨和气愤的困扰,握紧拳头的手怎么去与人握手和拥抱呢?缺乏包容的心,我们的生活将处处充满了怨恨,工作中将得不到同事的鼎力相助,如何在事业上攀登高峰?

学会包容,也就是学会理解别人。"人非圣贤,孰能无过?"在职场上,没有舌头不碰牙的,舌头碰到牙,彼此都感觉痛了,但是谁没有过错呀,所以,最重要的是要理解他人的处境,理解他人的难处。同事之间本是唇齿相依的关系，就如同泥土与牡丹的关系。人们赞美牡丹的鲜艳，不一定会想到泥土的芬芳，如果没有泥土的养分，又哪来牡丹的鲜艳呢？常言道：处世让一步为高，退步即进步的根本；待人宽一分是福，利人是利己的根基。只有互相理解，互相包容，才能让关系更和谐，在工作中才能取得更大的成绩。

工作中，不管你的身份是老板、领导，还是下属，我们都离不开同事的帮助。在办公室中，我们只有争取与每一个同事和谐共处，才能营造一个有利的工作环境。英国哲学家培根说："缺乏真正的朋友，乃是最纯粹最可怕的孤独。没有朋友，世界不过是一片荒漠。"职场中，如果我们始终是形单影只，没有其他同事的信任和支持，工作将多么乏味！交朋友的过程中，我们要学会求同存异。不可能每个同事的语言、做法都能符合我们的要求，我们必须学会包容。有容乃大，要达到像大海一样的胸怀，就要多去包容。同事之间一些小摩擦、小冲突，没有必要在乎就不要在乎。每个人身上都有缺点和优点，用一颗包容的心去与同事交往，我们会发现他们身上某些优点。在包容心的笼罩下，我们的朋友才会越来越多。身边每个同事都成为我们的朋友，任何枯燥乏味的工作都会变得有趣起来，任何工作上的难题大家都能携手共同解决。

包容的方式有很多，前提就是自己的心要想通，也就是说心胸开阔，才能真正做到包容他人。"世界上最宽阔的是海洋，比海洋更宽阔的是天空，比天空更宽阔的是人的胸怀。"敞开胸怀，遇事不要斤斤计较，面对同事，最好时刻保持微笑，保持友好的态度。比如在工作上你与某同事在某事上持不同意见，又互不相让，以致言语上起了冲突，甚至发展为一次严重的冲突。事后，你仔细想了想，觉得为了一点点小事造成同事间的不愉快，实在是不值得。这个时候，最好的解决方式就是主动道歉，这样不仅能缓和你和同事的关系，拉近你们的距离，而且你的大度也会征服其他同事。又比如，你部门调来的新同事曾与你结怨，而且领导安排你们的工作是紧密相关的，这个时候你就得慎重处理。

　　包容本身就是一种沟通，是人和人之间必不可少的润滑剂。宽容别人是对对方的一种尊重、一种接受、一种友爱，能够获得别人的信任。投之以木桃，报之以琼瑶。互相包容，同事之间的关系将更加融洽。

知足的心，
得不到的不一定最好

[知足者大快乐]

世界上最幸福的人，不是拥有最多的人，而是懂得知足的人。那些常常感到不快乐的人，就是只看自己没有的，不看自己拥有的。职场中，与同事和上司相处，我们总是忍不住与别人攀比。比能力、比家世、比穿的衣服、比抽的烟，等等，一旦发现自己不如别人，便感到失落、不开心，由此影响我们的工作情绪。人们常说，知足者常乐，珍惜现在拥有的东西，用一颗知足的心去奋斗，我们的职场之路才会只进不退。

懂得知足的人，心胸开阔，心态积极。他们明白，世界上不是事事都公平，要接受一切不公平，坦然面对自己的不足。并且在不足之中，寻找自己的奋斗目标。

著名画家黄美廉，是美国著名的加州大学艺术博士，她的作品也轰动全世界。得到如此荣耀的一个女中豪杰，却经历了不平常的人生。

她小时候得了小儿麻痹症，在六岁之前，全身的运动神经和语言神经受到损伤，面部畸形，口水还常常不停地向外流，而且也失去了发声讲话的能力。父母为此伤透了脑筋，但是也无可奈何。

她从小就没有玩伴，因为在旁人的眼里，她就像是一个丑陋的怪物。邻居的小孩子们除了取笑她，几乎从来不愿意跟她说一句话。为了弥补她，父母经常与她玩耍，做一些小游戏，让她不至于太孤单。

小小的黄美廉，却非常懂事。她明白自己的缺陷，知道自己跟别人不一样，尽管上学时看到别的小孩子兴高采烈、手舞足蹈的时候，她很失落，但是她却不承认自己一点用处都没有。她很想给别人证明一些自己能够做的事情。

一直到了小学二年级，她遇到了她一生的贵人，她的老师马怡江。老师对她一视同仁，甚至还格外关照她。老师给她讲了张海迪的故事，讲了贝多芬的故事，虽然他们身体上都遭受残疾，但是艺术接纳了他们，他们在各自的领域内奋斗，也被社会所接纳。黄美廉被震撼了，在老师的建议下，她开始学习绘画。在学习中，她惊喜地发现自己对绘画有天赋。父母并不期望她能成为画家，但是看她天天练习绘画，不再孤单，他们也很欣慰。

中学毕业后，黄美廉分别进入了洛杉矶学院和加州州立大学修读艺术，身体的残疾丝毫没有打败她的信心，反而让她更加坚定自己的意志。在付出比常人十倍百倍的努力之后，黄美廉成功了，在获得加州大学艺术博士学位的那一刻，她哭了。她接受命运的不公平，给她了一个残疾的身体，但是她一样感谢命运，给了她坚强的意志。

后来有一次演讲会上，她给大家讲述自己奋斗不息的一生。突然有一个十七八岁的中学生问她："黄博士，你从小就长成这个样子，请问你怎么看你自己？你难道从来都没有过怨恨吗？"

在场的人都很意外，也很气愤这学生怎么提出这样的问题。大家都以为黄美廉会感到难堪。然而，黄美廉却灿烂一笑，因为她不能说话，便拿起粉笔在黑板上写了以下几行字：

①我好可爱！

②我的腿很长很美！

③爸爸妈妈那么爱我！我会画画，我会写稿！

④我有一只可爱的猫！

⑤上帝这么爱我！

⑥还有……

她用一个省略号，表达自己拥有太多的东西。最后，她以一句话做结论："我只看我所有的，不看我所没有的！"

一个懂得知足的人，会了解自己的短处，但是不以自己的短处为耻。一个知足的人，并不是满足现状，她会在衡量自身能力之后，朝着一个目标奋斗。一个知足的人，有一颗乐观和感恩的心，她不怕困难，也从不抱怨。在这种知足的心态中，她会得到别人想象不到的东西。是的，只看我所有的，不看我所没有的。一个知足的人，也是一个自信的人。所以，知足的黄美廉，是幸福快乐的。

人总是有欲望的，有自己想要得到的东西，所以才通过工作，从而得到物质上的满足和人生价值的实现。欲望是正常的，因为有这些欲望，才能促使我们去奋斗。然而，我们想要的东西，如果不是我们能力范围之内的，也就是说我们的"欲望"过度了，那就会给我们带来烦恼和痛苦。比如，越来越不满意自己现在所拥有的工作，在现有的工作环境中吹毛求疵，老板不好，公司不好，同事也不好，使自己心里填满了烦恼。又羡慕别人的工作环境和工作报酬，自己轻视自己，贬低自己，陷入苦闷的情绪当中。

小丽和王娇是北京某大学毕业生，同时又是室友。小丽是北京人，找工作不用发愁，毕业后家里就直接安排她在父亲朋友的房地产公司上班。虽然依靠关系进去，但是小丽对自己的工作还是很用心。其他同事看到小丽的工作能力，也没有说闲话。

王娇是外地的，家庭条件比较差，在北京也没有什么社会关系。凭着自己的能力，她进入一个外企公司做业务。她与小丽关系比较好，小丽知道北京租房价钱高,刚好自己也不想再与父母一起住,便与王娇合议,两人一起合租。两姐妹都信心十足,打算好好在北京闯闯。

几个月后,小丽所在的房地产公司扩大规模,在另一条街上设了分公司。小丽由于业绩能力突出,被调到分公司做业务经理。这对于刚刚工作不到一年的小丽来说,是一个很大的挑战。但是她性格倔强,从不认输,她打定主意要做出成绩。在她的努力下,工作蒸蒸日上。

王娇却不同了,性格内向的她,在公司业务部业绩总是最差的。她很想努力,但是每次面对客户都提不起勇气。于是,她总是招老板的骂,遭到同事的轻视。每次下班回到家,她看到小丽日渐自信的脸,更加自卑了。

她恨自己出身不好,怨自己没有一个开朗自信的性格,讨厌自己怎么越来越没有出息。她多么希望自己是小丽,家境又好,人又漂亮,又有工作能力,各个方面都是那么优秀。慢慢地,她不再跟小丽讲述自己的苦恼,下班回到家,都一个人发呆,小丽问她话,她总是一笑了之。

终于有一天,小丽下班回到家发现王娇已经离开了,给她留了一封信,说辞职去了另外的地方。从那之后,小丽就联系不上王娇了。

性格内向不是你的错,错就错在王娇自我贬低,失去了信心,连改变自己不足的勇气都没有了。她总是与本身各个方面就比自己好的小丽比,在对比之中埋怨自己拥有的东西,羡慕别人的东西。于是,陷入了无穷无尽的烦恼之中。实际上,忧愁和快乐只有一步之遥,就看你拿什么心态去面对。

人之所以痛苦,就在于追求错误的东西。那些你能力范围之外的东西,你盯得死死的,眼前的一切你却不懂得珍惜,那么你得多烦恼呀!况且,欲望过高,会影响我们奋斗的视线,看不到我们的实际目标,它就会成为绊脚石。知足者常乐,有人说得好,在你埋怨自己没有鞋子穿的时候,有多少人都没有脚!

我们在拥有工作的时候，埋怨工作这不好，那不好，但是我们想过没有，在这个竞争激烈的社会，有多少人每天在奔波找工作；当我们身在办公室里享受空调的时候，有多少人每天在大太阳底下拼命赚钱……

所以，要学会知足。知足是一种境界。知足的人总是微笑着面对生活，在知足的人眼里，世界上没有解决不了的问题，没有迈不过的坎，他们会为自己寻找合适的台阶，而绝不会庸人自扰。职场上，知足的人懂得用一颗平和的心态面对工作，他们会根据自己的实际情况设定目标，不好高骛远，踏踏实实向着目标前进。

[吃点小亏也是福]

初入职场的大学毕业生犹如初生牛犊，对任何事情都无所畏惧，充满激情。但是外界的竞争压力很残酷。面对与校园环境不同的将是不安、兴奋、机遇、挑战、淘汰、胜利、鲜花、泪水交织的职场生涯，在这样一段特殊日子里，许多人发现，越能适应形势变化的学子们，生存能力越强。这"适应"，自然也包括了受点委屈什么的。

以下是关于吃亏是福的几个小故事：

1. "吃亏"中的机遇

周周今年不到三十岁，但是已经"混"得有模有样了。

5年前，她还是一个打工妹。她的老家在沂蒙山革命老区。她学的是药剂专业，大专毕业那年，在青岛一家药房找了一个营业员的工作，由于手脚勤快，善于帮助别人，经常替有家的同事加班，分文不要。人们笑她净做吃亏事，可她不这么看。她说，她一个人住单身宿舍，没有家和孩子拖累，假如下班就回去，多半时间都是上网打发无聊时光，而那些有家的人却忙得分身无术,不如帮他们一把,还可以利用这个时间钻研业务。这样做既得到同事的感激,又学了很多东西,可谓一举多得。

周周很快融入这个大城市。那时,她最大的梦想是,找一个青岛男人,最好有房,有稳定的工作。为了让自己尽快适应这个城市,结识优秀男人,周周去做义工,去英语沙龙跟老外们学习外语。

就在这时,一个同事的朋友在台湾找了一份工作,希望同事一起去。但同事正准备结婚,且嫌弃那份高薪工作是看护两位老人,并不想去。在她看来,年纪轻轻干那种侍候人的活计太丢人了,在同事和朋友面前很没面子。可是放弃这个机会又太可惜了,于是就想到了周周。

有这样的好事,周周自然求之不得。去之前,同事对周周说,你可想好了,到时候别后悔。周周点点头说,虽然工作不是很好,但我就是想见识见识台湾是什么样子。就这样,周周去了台湾,在一个有身份的家庭里做护理。两位老人离休前是台北市政厅的官员,周周很敬业,不但照顾两位老人的饮食起居,还主动与他们一起谈心聊天,讲一些自己家乡的事情给他们听……那个患了抑郁症的老人,在她的精心呵护下康复痊愈,恢复了正常生活。

两年后,老人认下周周做干女儿。后来,老人把她介绍给了一家大公司的主管,希望他能"照顾"她一下。周周很快就成了这家公司的一员,并且干得特别出色。

大前年,台湾这家公司在大陆开发新市场,周周被委任为大陆这边的负责人,年薪50万元。现在,周周在青岛的制药公司已经颇具规模,去年年产值已达500万元,但她还在不遗余力地开发市场,下午在青岛,晚上可能为了一个项目飞到了北京。

5年前,她还是一个小小的打工妹,穿最朴素的衣服,吃最简单的饭菜。而现在,一有时间,她就会去美容院,让自己光鲜靓丽。从一个小小的打工妹，跨进了"金领"一族的人生，周周只用了5年，这不得不让人为之惊叹。

从某些方面讲，周周是吃亏了，可她收获了另外一个她前所未有的精彩世界。这个世界，给了她每个职场女孩子都向往的华丽的事业舞台，让她找到了人生的价值，幸福地收获着爱情、青春、财富、理想、快乐……

2. 机会不喜欢斤斤计较的女孩子

初涉职场的女孩子要学会善于吃亏。一入职场就挑挑拣拣，会失去许多机会。你不计较工作，工作就会因你的付出而变得有意义。把平凡的工作做得不平凡，才能让你的吃亏变成一种机遇。

试想一下，如果周周到了台湾之后，发现自己的工作只是简单地伺候老人，没有技术含量，也没有发展前途，说白了，就是一份家庭保姆的工作，这样的工作，连没有文化水平的小女孩都不愿意做，在这里简直是浪费了生命。如果她这样想，就会不努力工作。但是事实恰好相反，周周做得非常的努力，除了照顾好老人的饮食之外，还给老人读报、聊天、谈心，增加老人的愉快活动，像对待自己的父母一样对待他们。两个老人被她的悉心呵护感动，认她做干女儿。家里经常有有"身份"的人来探望老人，老人通常会在客人面前夸奖周周，称她女儿。

后来成为公司总裁的周周，经常把这件事作为教育员工的题材："只要你愿意为你的工作付出，哪怕你不喜欢，也要做最好的自己，'工作'就会因你的行为而感动。一个经常令别人感动的人，别人也不会忘记你，他们会因为你带来的真诚感动而回报你，这个回报或许就是一个惊喜，他们或许为你的人生指点方向，又或许把自己一生积累的资源告诉你，从而带你走向新的开始，逐步走进属于自己的成功。"

很多的女孩，一旦感觉工作有不满意的地方，就义无反顾地放弃。结果，在没有做出任何努力的情况下，自己关上了自己机会的大门。

3. 因祸得福

王涛刚进公司的时候，认为自己是大学毕业生，身份自然不同，所以在报到的那天没有和前台接待小姐打招呼。在今后的工作过程中，他极少用到"谢谢"等词语。慢慢地，他发现在工作中，同事们并不认可他的工作能力，关系也非常冷淡。

后来他开始改变自己的言行，在工作过程中多用些对别人表示敬意的礼貌用语，这帮助他走出了人际关系困境。他深有体会地说："多用些礼貌用语不但可以提高自己的个人修养，还能让我顺利地加入到工作团队中去。吃点小亏算什么，相比下来，是因祸得'福'啦。"

4. 干杂活也要干好

很多初入职场的大学生经常埋怨自己就是公司的杂活工，实际上，一个新员工刚进入公司，在对公司不了解的情况下，老板是不会将很重要的工作交给你去做实验，只能让你从了解公司开始。同时，你在做这些基本的工作的时候，也是公司对你的一个考验过程。那么，这个过程中你应该怎样让你的老板对你刮目相看呢？

职场经验者说："做好你手中那些看起来不重要的杂活，你的能力还有人品都会从中得以体现，但仍然努力完成工作，这实际上就是在给你自己加分。"如此看来，老板一开始安排的工作的确是"小儿科"，但作为大学生吃这点亏，也是将来"享福"的基础。

对于工作中的"吃亏"问题，大学毕业生小巍的做法是"大事化小，小事化了"。他认为，每个人工作中都会有不顺利的时候，在这个时候要尽量忍让，不惹事端，多考虑到同事的感受，多感谢他们平时对自己的帮助，这有助于以后工作的发展。

初入职场的大学生从"学校人"变成"职业人"，他们需要逐步提炼自己的职业含金量和竞争优势，所以应看淡些因陌生而吃的"亏"，如果能化被动为主动，转"亏"为"福"，那工作与成长的意义就真正体现出来了。

机遇总是留给有准备的人，也许就在你干一些小事的时候。所以，初入职场的新人，把握你"吃亏"的机会，既锻炼了自己，又给自己铺垫了许多惊喜的机会。

[与其嫉妒，不如发奋]

职场上，嫉妒是一种常见的"病"。一部分人看到别人得到的比自己多，从而产生一种嫉妒心理，俗称"红眼病"。但是嫉妒别人，并不能得到你所嫉妒对象所拥有的一切，反而让自己心情很差，更影响工作能力的提升。与其花费精力去嫉妒别人，还不如努力工作，用实力证明自己。

嫉妒是人性的弱点之一，它是对别人某一方面的优越感感到不满而产生不服气心理，从而使用非正常手段去算计对方，或者暗地里使绊子。自古以来，嫉妒别人并采取阴暗手段陷害对方的人，都没有好下场。

有这样一则寓言故事：

天空中有两只老鹰，它们是很好的朋友，相约到天空看风景。但是一只飞得很快，一只飞得太慢。

飞得慢的这只老鹰，它向来对飞得快的那只老鹰有看法，它嫉妒飞得快的老鹰那双轻盈的翅膀、丰满的羽翼。虽然平时关系不错，但是它老感觉飞得快的老鹰每次飞行的时候都在跟它炫耀。

正好这时候，飞得慢的老鹰看到了一个猎人拿着猎枪。它便对猎人说："您是不是想打猎物啊？前面有只飞得很快的老鹰，它的羽翼非常美丽，你去射死它吧！"

猎人答应了，说："这个没问题，我求之不得，不过我的箭上缺少一根羽毛，可否拔下一根你的？"

飞得慢的老鹰很痛快地答应了，就拔下一根羽毛丢给猎人，猎人却没有射中那只飞得快的老鹰。猎人又说："再拔一根怎么样？"

飞得慢的老鹰想到猎人就要除掉那只讨厌的鹰了，于是又答应了猎人，又拔了一根给猎人。这一次，猎人还是没有射中。

就这样，猎人用这种方式把这只飞得慢的老鹰身上的羽毛一根根拔完了。后来，飞得慢的老鹰就成了光身子的，再也飞不动了。猎人便把它捉走了。

嫉妒心极强的老鹰想陷害飞得快的同伴，没想到猎人却是一个更厉害的角色。它的嫉妒心燃起了它谋杀的想法，结果却把自己给杀死了。

西方的先哲曾经说过，人有三大原罪：任性、懒惰和嫉妒。自古以来，嫉妒就像是蟑螂、蚂蚁，凡是有人群的地方，几乎随处都能够见到它们的踪影。人们几乎想尽了所有方法，可到今天却仍然难以将它们除尽灭绝。尤其是在职场，同事之间的关系都与能力、薪水、人际关系相挂钩，而且职场人群参差不齐，是嫉妒心滋生的温床。

当然，人们不会平白无故地去嫉妒一个不认识的人，所以人们嫉妒的对象都是认识的同事。正如培根所说："人们可以允许一个陌生人的发迹，却绝不能原谅一个身边人的上升。"当嫉妒者在新闻上看到某一个人中头彩，他除了羡慕，绝对不会嫉妒。但是如果这个人是自己身边的人，那这个嫉妒者肯定会眼红。

还有，人们嫉妒的对象肯定是比自己强的人。这个"强"的程度不是很大，两者要具有可比性。如果嫉妒者是一个一名不文的穷小子，对方是一个百万富翁，那是不会产生这种嫉妒和被嫉妒关系的。还是如培根所说："所以皇帝通常是不被人嫉妒的，除非对方也是皇帝。"所以，嫉妒的对象一定是与自己差不多处于一个平台上的。

因此，在职场环境里，我们常常能嗅到嫉妒的味道。"我们都是同一批进单位的同事，为什么她/他只需坐在办公室接接电话，我却要在外面日晒雨淋奔波？""为什么她/他的创意总是能得到老板的肯定？""为什么她/他的办公桌在临窗的好位置？""为什么新人小马刚进公司就被送去国外进修？""她不就是脸蛋漂亮点嘛，经理才重用她！"……反正就是对别人得到的东西产生不满心理，觉得自己也能得到，为什么又得不到呢！

嫉妒心理是很正常的，适度的嫉妒心能让人产生一种赶超心理。但是过度的嫉妒心理就有害处了：一方面，对人的肌体包括心血管系统、免疫系统等带来一定的影响，降低抵抗力；而另一方面，过度的嫉妒心也给自己和同事之间搭建了无形的、可悲的隔膜，缺少对他人的欣赏，实际上也就得不到他人的欣赏，久而久之就把自己与他人隔离开来，成了心灵的囚徒。他们会把内心的嫉妒心用各种方式表现出来，看到别人晋升了，或者发财了，就说一些带有情绪化的话，比如冷言冷语、讽刺挖苦等。甚至还有一些嫉妒者，会编造一些谣言，中伤自己嫉妒的对象。嫉妒心过度的人，往往是没有多大能力，或者自以为有能力傲气十足的人。所以，嫉妒心太强的人，往往处理不好人际关系。在复杂的职场环境中，嫉妒心过度的人无异于是点火自焚。如果你肯承认自己是在嫉妒，那么你就可以处理好自己的嫉妒。若你没有及时处理好你的嫉妒情绪，它会毒害你的人际关系。

老王在一家汽车配件公司工作多年，业务能力过硬，有些难搞的客户，老王都能出一些点子搞定。然而，老王性格耿直，又老实，他不喜欢领导拉关系，每次谈业务的时候如果有上司在场，他往往发挥不出来自己的能力。一些刚进公司的年轻人，如果谦虚点的，老王都对他们不错，他就是看不惯那些为人高傲，仗着自己年轻又有学历的大学生。因此，在公司里，老王的人缘并不是很好，他的业务能力完全可以坐到主管的位子，但是他却一直没有得到重用。

一次，公司的业务主管跳槽走了，主管的位子空着。几个与老王关系不错的员工都说这个位子非老王莫属，老王也认定自己肯定可以的。然而，一周之后，公司老板却任命小徐为主管。当天下午的例会，老王没有参加。

回到家之后，老王越想越生气，便叫上公司那几个关系好点的同事，一起喝酒。酒桌上，那几个同事知道老王心情不好，便跟着起哄："那小徐凭什么嘛！不就是个大学生嘛！""不就是会拍领导马屁嘛！"……

第二天上班，老王脸上没有一点笑容。小徐过来跟他打招呼，让他整理一下上个月的业务报表，老王说："这个啊，您看我都老了，这事情我做起来都费劲，我看您还是找别人吧，要不您自己来嘛！"

边上的同事都替老王汗颜，这不明摆着是挑衅嘛！小徐笑了一下，就离开了。从那之后，老王的工作量越来越小……

嫉妒心强的人，关键是气量太小。就像三国时期的周瑜，明明能力不如诸葛亮，却明里暗里与诸葛亮一决高低，最后被诸葛亮给气死了——其实他是被自己气死的。人外有人，天外有天，本事不如人家，应该暗暗加把劲才对，却把精力浪费在嫉妒上，真是不值得。

嫉妒心过度的人，还存在自卑心理。我们要明白，五个指头有长短，人的能力有大小，你并不是最差的。同一个公司里，那么多同事，都各有自己的优势。有些人能力比你强，但是可能处世没有你圆滑。有的同事比你长得漂亮，但是你比她更有头脑。所以，不要总看到别人的优势，并且把它无限制放大，达到威胁自己的程度。其实你自己也有闪光的一面，何必去嫉妒眼红别人呢！不要拿自己的弱项与别人的强项比，这样只会徒增烦恼。因此我们要全面地认识自己，既看到自己的长处，又正视自己的短处，扬长避短，发现并开拓自己的潜能，不断提高自己，开创新局面。

嫉妒心危害极大，它不会让你轻轻松松面对公司，不会让你高效完成工作，不会让你获得众人的认可，不会让你很快得到晋升。嫉妒会让你无心工作，只专注于和别人攀比，最后在自卑中一蹶不振，毁了你的职业生涯。所以，千万不要放任自己的嫉妒心自行发展，要采取方法制止。

首先，最根本的是要培养自己豁达的人生态度。要勇于承认自己的不足，而且正确看待别人的优秀。尺有所长，寸有所短。别人的优秀是他们努力得来的，相信自己通过努力也能达到那种程度。

其次，最有效的办法就是化嫉妒为力量，通过学习等方式为自己的能力增加砝码。与其花费精力嫉妒别人，还不如发奋起来，利用有限的时间去提升自己的能力。在不断奋进中，不但你取得很大的进步，嫉妒心理也会慢慢减弱。心理负担减轻之后，你工作起来会越来越有劲，在享受工作的同时，你也能慢慢接近你的事业目标。

感恩的心，与快乐同行

[用感恩的心看世界]

没有哪个人穷得不能给予别人帮助，也没有哪一个人富得无法接受别人的帮助。我们生活在一个被人帮助的世界，因此，要记得别人的好，要懂得感恩。用感恩的心看世界，这个世界到处充满了欢笑和美好。

人的一生离不开各种恩惠，父母养育之恩，老师教诲之恩，朋友相知之恩，领导知遇之恩，社会包容之恩，自然赐予之恩……面对种种恩惠，我们无法一一回报，但我们可以怀着一颗感恩的心，尽心尽力去做好自己力所能及的事，成为一个能带给别人恩惠的人，一个能造福社会的人，一个情义高尚、受人尊敬的人。

感谢生养我们的父母。父母给了我们生命，而且花费大量的心血把我们养大成人，教育我们，关爱我们。在这个过程当中，父母为我们付出了很多。尤其是现在很多来自农村的朋友，父母为供我们读大学，自己舍不得吃，舍不得穿，把钱省下来供我们上学。父母是我们这辈子最应该感谢的人。儿不嫌母丑，狗不嫌家贫。自古以来，"孝"乃中华民族第一传统美德。汉代选官制度就有"举孝廉"，被推荐者不仅仅需要博学多才，而且还必须具有"孝廉"的品德，即孝顺父母、行为清廉。"孝"与"忠"一起，是中华民族两大基本传统道德准则。孝道是古代社会历史的产物，至今到了社会主义社会，孝道依然是社会上衡量一个人基本人品的准则之一。"谁言寸草心，报得三春晖。"子女孝敬父母，乃天经地义之事。我们要设身处地，将心比心去体恤父母，感谢父母，报答父母。

日本有一家公司非常受大学生欢迎，很多应届大学生都希望应聘到该公司。公司各种制度非常完善，福利待遇很好，关键是有非常大的发展空间。公司每年都会招聘新员工，为的就是培养品行兼优的员工。

这一年，又到了招聘的时候，很多大学生都去参加。经过层层筛选，最后留下了三个应聘者。因为公司也没有说招聘几个人，所以到了最后虽然说才有三个人，但是仍然存在激烈的竞争。最后一关由社长亲自进行面试，题目仅有一个："请问你有没有给妈妈洗过手脚？有何感想？"其中有个年轻小伙子的答案是"没有"。这个小伙子各方面条件都非常优秀，这个答案却令社长不满意，但是社长还是打算给他一个机会。于是社长告诉他，回去给妈妈洗手脚，3天后再来面试。

小伙子回家端了一盆热水给妈妈洗手脚，他与母亲的距离从没有这样近过，他的内心感到无比温暖，同时也发现母亲的手脚非常粗糙，结满了茧，他顿时百感交集，并向母亲忏悔，他觉得自己从未真正关心过母亲，母亲每天不辞劳苦，为家人不求回报地默默付出，使家人无后顾之忧。小伙子边为母亲洗脚，边流泪。他终于明白了，母亲为什么这样无私地为家人付出。

三天过去了，他感觉自己经历了一场精神的洗礼。在社长面前，他把这一切都一五一十地说出来了。社长听完后，微笑了，握着小伙子的手说："欢迎加入我们公司！"

感谢教育我们的师长。中华民族有尊师的传统，古人说："一日为师，终生为父。"把老师与父亲并列，可见老师的地位。确实，是老师打开了我们蒙昧的知识大门，是他们教会我们识字、算术，让我们有知识；是他们教会我们做人的道理，从各个方面教导我们怎样堂堂正正做人，不断给我们的人生指引方向。他们是我们人生的引路人，是我们人生大海上的方向灯。师长，不仅仅包括我们上学时候的老师，还包括我们人生道路上的长辈，甚至同辈。

感谢那些帮助过我们的人，感谢他们在我们忧伤时给我们以安慰，落魄时给我们以支持。那些与我们一起成长的同学：感谢他们陪伴我们一步步走过青春岁月；一起共事的同事：感谢他们工作上的支持和配合；我们上班的老板：感谢他给我们提供施展人生价值的舞台，感谢他的知遇之恩；其他方式结交的朋友，甚至一面之缘的陌生人：哪怕帮我们拎过包，车上给我们让过座位，都要感谢他们，为我们提供了方便。他们都不同程度地帮助过我们，给过我们力量，让我们在困难的时刻坚强站起来。就像信乐团《海阔天空》中唱的："最懂我的人，谢谢一路默默的陪我，让我拥有好故事可以说，看未来一步步来了。"受人滴水恩当还涌泉报。

还要感谢那些在我们生命的历程中，曾给过我们折磨的那些事儿，比如压力：没有压力就没有动力，压力产生能力，压力能够激发潜力，压力激发斗志，压力越大，弹力越强。比如困境：困境能够让我们更清楚地认识自己，在困境中磨炼我们的意志，困境能够激发生存意识，困境使我们超越自我，困境也是我们的恩人。比如失败和挫折：失败是成功之母，挫折是成功的入场券，是一笔可贵的财富，在挫折中我们才能不断成长，更接近成功。比如贫穷：贫穷激励我们奋发向上，贫穷是缔造财富的温床，贫穷能磨砺人的心志，有多少成功者是从贫穷中白手起家的，等等。这些折磨我们、让我们人生不顺利的事，让我们学会了很多东西。一颗感恩的心，是你不断前进的保障。

传说，在古印度有位英勇无敌的王子，正直善良，英勇善战，深受人们的爱戴。

一次，王子带兵征战邻国，又一次凯旋而归。国王非常高兴，为王子举行了盛大的庆功宴。宴会上，王子没有一丝骄傲的神色，谦逊地举起金杯，向前辈、大臣、在座的将士以及黎民百姓一一表示感谢，甚至连为他牵马的仆人也没忘记。王子的言语诚恳，态度谦逊，让所有人感动，并且深深佩服他。

这时候，他的父亲——两鬓已经斑白的老国王提醒他说："我的孩子，有一个最重要的人，你还没向他致谢呢。"

对礼仪非常在乎的王子怔了半响，始终想不出，只好向父王请教。只听老国王一字一句地说："你还要感谢你的敌人！"

王子这才明白，点了点头。

如果没有我们的对手或敌人，我们不一定会取得今天的成就。因为他们的冷嘲热讽，让我们的自尊觉醒，使我们的信念更加坚定。因为他们的嫉妒，我们才更加自信今天所拥有的成就。还有：遗弃了你的人让你学会了独立；对手的强悍和狡诈，让我们时刻保持警觉之心，并不断学习，与时俱进，既提升了我们的心智，又增进了我们的智慧；对手也让我们不断地进行自我否定和扬弃，不敢有丝毫的懈怠和麻痹，终于才有了今天的幸运和成功。

同样，所有不顺的事，我们也要感谢。人生在世，不可能一帆风顺，种种失败、挫折、痛苦都需要我们勇敢地去面对和解决。这时，是一味埋怨生活，从此变得消沉、委靡不振，还是对生活满怀感恩，跌倒了再爬起来？你感恩生活，生活将赐予你灿烂的阳光；你只知一味地怨天尤人，最终可能一无所有！成功时，感恩的理由固然能找到许多；失败时，不感恩的借口却只需一个。殊不知，失败或不幸时更应该感恩生活。只有你感恩生活，你才能在跌倒时重新找回站起来的理由。

我们要感谢很多应该感谢的人和事，对生命中所拥有的一切，都要心存感恩。一颗感谢的心，将会得到出乎意料的回报。

在美国一个小城镇里，有一年闹饥荒，很多人家都缺吃的，尤其是一些穷人，在饥荒的年代更是可怜。然而，这里却有一个家庭殷实而且心地善良的面包师，他非常同情这些穷人。于是把几十个穷人家的小孩子聚集到一块，然后拿出一个盛有面包的篮子，对他们说："这个篮子里的面包你们一人一个。在上帝带来好光景以前，你们每天都可以来拿一个面包。"

面包师的话刚说完，孩子们就一哄而上，他们围着篮子叫嚷、推挤，都希望自己拿到一块大面包。他们挤着抢完面包之后，各自拿在手中，一声道谢都没有就离开了。最后就留下了一个小女孩，这个小女孩大概六岁左右，面包师注意到她没有去抢面包，默默地排在孩子群的最外面，等到别人抢完之后，才把剩在篮子里最小的一个面包拿起来。而且，她每次拿完面包之后，都不急着离去。她手上拿着面包，微笑着向面包师表示了感谢，并亲吻了面包师的手之后才向家走去。

就这样几天之后，面包师每次看到的都是同样的情况。这天，面包师又把盛面包的篮子放到了孩子们的面前，其他的孩子依旧疯抢着，这个小女孩还是拿到一个小面包。但是她仍然对面包师表示感谢。

当她回家以后，妈妈切开面包，许多崭新、发亮的银币掉了出来。妈妈惊奇地叫道："立即把钱送回去，一定是揉面的时候不小心揉进去的。赶快去，赶快去！"当小女孩把妈妈的话告诉面包师的时候，面包师面露慈爱地说："不，我的孩子，这没有错。是我把银币放进小面包里的，我要奖励你。愿你永远保持现在这样一颗平安、感恩的心。回家去吧，告诉你妈妈这些钱是你的了。"

滴水之恩，当涌泉相报。这个小女孩懂得，而且用行动表示了。因为她懂得感恩，所以她得到了比别人更多的东西。因此，感恩更是一种生存智慧。

感恩也像其他受人欢迎的特质一样，是一种习惯和态度。你必须真诚地感激别人，而不只是虚情假意。时常怀有感恩的心，你会变得更谦和，可敬且高尚。感恩源于你对生活的感动，源于你对生活的珍惜，没有人会感激自己不重视的东西。珍惜你的生活以及生活中的一切，常怀一颗感恩的心，生活才能给予你美好的感觉。感恩，是值得你用一生去完成的一次世纪壮举；感恩，是值得你用一生去珍视的一次爱的教育；感恩，不是为了求得心理平衡的喧闹的片刻答谢，而是发自内心的无言的永恒回报；感恩，让生活充满阳光，让人生充满温馨。

曾经有位哲学家这样说过，世界上最大的悲哀或是不幸，就是一个人大言不惭地说，没有人给过我任何东西。这样的人不懂得如何回报别人，他没有一颗感恩的心。一个不知道感恩的人，对生活、工作了无乐趣。心存感恩的人，才能收获更多的人生幸福和生活快乐，才能摒弃没有意义的怨天尤人。心存感恩的人，才会朝气蓬勃，豁达睿智，好运常在，远离烦恼。

如果在生活中，我们大家都能常怀一颗感恩之心，在得到别人帮助时由衷地说一声"谢谢"，时刻想着对方的好处，以德报德，甚至能够以德抱怨，我们的人际关系，社会氛围就会融洽、和谐许多。

[快乐源于一颗感恩的心]

一颗感恩的心，是快乐的源泉。心存感恩的人，懂得知足常乐，生活中一件小事都能令他感到快乐。因为懂得感恩，才能懂得爱，才能把所拥有的看作是一种荣幸，一种鼓励，在深深感激之中产生回报的积极行动。所以，拥有一颗感恩的心，能够使人的心态更加积极、更加热爱生活。

懂得感恩的人，心态积极，对生活充满了希望，不管遭受任何困难和挫折，他都努力去看光明的一面，积极面对生活。作家梭罗每天早晨做的第一件事，就是对自己说：我能活在世间，是多么幸运的事！如果没有活着，那就既听不到踩在脚底的雪发出的咯吱声，也无法闻到木材燃烧所散发出的香味，更不可能看见人们眼中爱的光芒。于是，他每一天都满怀对生命的感激之情。这样的心态才让他保持一颗豁达的心，让他对世间充满了爱。

在一个偏僻的小镇上，有一个庙宇，当地人说去庙里祈福的人，什么愿望都能实现。有一天，一个拄着拐杖，少了一条腿的退伍军人，一瘸一拐地走过镇上的马路。旁边的镇民带着同情的口吻说："可怜的家伙，难道他要向神祈求再给他一条腿吗？"这句话被退伍军人听到了，他转过身对他们说："我不是要向神祈求有一条新的腿，是要感谢神还能给我留下一条腿，还要祈求神帮助我，教我没有一条腿之后，也知道如何生活。"

感恩是一种处世哲学，是生活中的大智慧。人生在世，不应该遭遇一点磨难就怨天尤人，种种失败和无奈都需要我们勇敢面对。就算你思想消沉，埋怨生活，我们所遇到的状况不仅不会变好，还会更糟糕。如果存在运气的话，那么运气只眷顾懂得感恩的人，那些只顾怨天尤人的人，对生活失去信心的人，坏运气将会一直伴随他。只要我们感激美好的事情，我们才能得到美好的东西。心存感恩，会让我们的心和我们所期盼的事物联系得更紧。心存感激将使你获得力量，使你产生对生活、对美好事物的信念。感恩，使我们在失败时看到差距，在不幸时得到慰藉，获得温暖，激发我们挑战困难，进而获取前进的动力。只有对生活充满感恩，才能跌倒了再爬起来，重新打造我们幸福美好的生活。

冰心曾说："在快乐中我们要感谢生命，在痛苦中我们也要感谢生命。快乐固然兴奋，苦痛何尝又不美丽？"生活中确实需要感恩，不懂得感恩，生活便会黯然失色，人生便没有滋味。感恩是美丽的字眼，它是一种深刻的感受，能够增强个人的魅力，开启神奇的力量之门，发掘出无穷的智慧。

懂得感恩的人心地善良，胸怀宽阔，能积极投入到仁爱行动之中。没有感恩之心的人，永远不会懂得爱，也永远不会得到别人的爱。懂得感恩，心底里充满爱的人，会把每一次的仁爱行动当作快乐，会怀着一颗快乐的心帮助别人。

在城市的一个地下通道，人们来来往往，有一个衣衫褴褛的老奶奶在低头乞讨。

一个哭闹的小男孩，与他的父亲一起走着。小男孩还哭喊："我要妈妈！"父亲拿孩子无可奈何。小男孩突然看到乞讨的老奶奶，慢慢停住了哭声，并且在老奶奶面前停下。他抬头轻声问爸爸："这老奶奶为什么要跪在那里？"

父亲说："老奶奶没有饭吃啊！"

"她好可怜啊！那我们给她钱吃饭好吗？"

父亲很高兴地答应了，并且给了小男孩50块钱。小男孩拿着钱，并没有像其他人一样丢在老奶奶面前，而是用手戳戳老奶奶的脏衣服，老奶奶抬起脏兮兮的头，用污浊的眼睛看了小男孩一眼。小男孩又蹲在地上，把钱放在老奶奶的手上："奶奶，你去买饭吃。"

老奶奶忍不住给小男孩磕头，小男孩吓了一跳，拉着父亲的手跑开了。他轻声问父亲："老奶奶为什么要磕头？"

父亲说："她在感谢你呢！"

"噢，那爸爸您刚才给了我50块钱，我也得谢谢你！"说完他对着爸爸深深鞠了一躬。看到这一切的路人无不感动。

心地善良的人，快乐来得很简单。哪怕是举手之劳，对别人的一点点帮助，也让自己快乐不已。人生最高深的智慧就是施恩，人生最无价的财富就是感恩。施恩是一种豁达坦荡的品质，成大事者普遍具有这种品质，有这种品质的人总会心胸开阔，与人为善。而感恩是一种修养，人不可不懂感恩，感恩是人最基本的素质。感恩让世界充满真情，感恩让生活多姿多彩。因为感恩让人与人之间少了很多冷漠，多了很多温情。

有这样一个美丽又感人的故事：

美国中西部的一个小镇上，有一个年轻人叫乔治，他刚刚失业，而他的妻子已怀孕了五六个月。为了生活，乔治不得不出去找工作。

这是冬天，天气十分寒冷，乔治又花费了一天的时间，仍然一无所获。已接近傍晚，乔治只好驾车回家。这条路比较偏僻，一般人不会把车开到这里。乔治正准备加油门开快点，突然看到路边停了一辆豪华的奔驰车，看样子似乎是抛锚了。

这么晚，这里不会有人经过，附近也没有修理厂。乔治便走下车来到奔驰车前，车主是一位老太太。她似乎等了一个钟头了，显然有些焦急。她对乔治的主动询问和关心有点不放心，这个陌生人看上去穷困潦倒，饥肠辘辘，但是他一直面带微笑，她也不想在这里继续等。都一个小时了，根本没有一个人愿意停下来帮助她，索性就让他试试吧。

这时候，乔治也看出了老太太的防备心理，于是微笑着说："我是来帮助您的，老夫人。您为什么不到车里暖和暖和呢？顺便告诉您，我叫乔治。"说完，他便钻到老太太车下，不到十几分钟，乔治就把车修好了，自己却弄得浑身脏兮兮的，还伤了手。老太太这才对乔治露出感激的笑容，她主动告诉他，她来自圣路易斯，只是路过这儿，对乔治的帮助感激不尽。她还问乔治，她需要付多少钱，多少钱她都不在乎的。

乔治愣了一下，说："如果您真想答谢我，就请您下次遇到需要帮助的人，也给予帮助，并且'想起我'。"在乔治的心中，帮助别人他从来不会想到钱，他只是帮助需要帮助的人，上帝知道过去在乔治需要帮助时有多少人曾帮助过他呀！老太太感动得几乎掉泪了。乔治也发动了自己的车，天气依然很冷，又飘起了小雪，乔治却很开心。

告别乔治，老太太沿路行驶，看到一家小咖啡馆。她想进去吃点东西，驱驱寒气，再继续赶路回家。她走进咖啡馆，一位女侍者带着甜甜的笑容，递给她一条干净的毛巾让她擦擦头发。而这位女侍者肚子明显地鼓了起来，有五六个月的身孕。虽然劳累，但是女侍者的服务态度丝毫不差。

吃完饭后，老太太拿出100美元付账，在女侍者去找零钱的时候她悄悄地离开了，并且在桌子上放了一张纸条："你不欠我什么，我曾经跟你一样，有人曾经帮助我，就像我现在帮助你一样，如果你真想回报我，就请不要让爱之链在你这儿中断。"女侍者回来看到纸条，感动得热泪盈眶。

女侍者回到家里，丈夫已经睡着，电视机还没关，是等她等睡了。她躺在床上，想到这一天的劳动，虽然很辛苦，但是丈夫失业，孩子又快出生，自己这点累算什么呢？她看着熟睡的丈夫疲惫的脸，忍不住给他一个吻说："一切都会好起来的。我爱你，乔治。"

心存感恩，让我们用一颗爱心、一颗包容的心去看这个世界，在积极的生活中感受到平和的快乐。生活中，心怀感恩的人，任何一件小事都能让他感到快乐。而对工作心存感恩的人，对工作中的各种不如意、小挫折，都能一笑而过，在快乐的氛围中勇敢去面对，从而把某些人认为是苦差事的工作当成是乐趣而享受。心怀感恩，就会善待生活；心怀感恩，就是珍惜工作。拥有一颗感恩的心，我们就能够在工作和生活中寻找到更多的乐趣。

在一家麦当劳店里，有一个做汉堡的员工叫杰克，他在整个店里非常受欢迎。他的工作简单而琐碎，每天就是不停地做很多相同的汉堡，没有什么新意，但是他脸上一直充满笑容，几年来一直如此。他的这种真挚的快乐，感染了很多人。

一天晚上下班，杰克刚准备离开，就看到那个刚来麦当劳做服务生的女孩子满面愁容。他很热心地问她怎么了。女孩子开始抱怨工作太累，脚都站痛了。她来的时候就听说杰克是店里最快乐的员工，于是她忍不住问："你的工作要站一天，而且一成不变，不仅累，还这么枯燥，你怎么还那么快乐？"

杰克笑着说："我每做出一个汉堡，就知道一定会有人因为它的美味而感到快乐，那我也就感到了我的作品带来的成功，这是多么美好的事情。我每天都会感谢上天给我这么好的一份工作。"

女孩子想了一会儿，突然领悟了。

享受不到工作所带来的乐趣，也许永远只能做一个机械做汉堡的人，甚至什么都做不了。懂得感恩的人，会珍惜自己所拥有的一切东西，视这些别人看来平常、无趣的东西为上天的恩赐，并且心存感激。

感恩的对立面就是抱怨。一个对工作充满抱怨的人，只是把工作当作谋取薪水的手段，他们永远都会觉得自己的报酬不足以支付自己的劳动付出，因此出现一种怨恨心理，埋怨老板，工作就会出现懈怠；要么把工作当作一种虚荣的、出人头地的方式，他们不会知足，任何现状都是暂时的，永远在不停地追求，甚至超出自己的身体和心理承受的限度，在永不知足的前提下，他们也会产生牢骚和抱怨。他们总是感觉是别人欠自己的，自己在付出而别人在索取。他们不会把工作当成自己的事业去做，只是认为自己付出了劳动和时间，老板就应该给他们报酬。于是，他们只是为了工作而工作，带着一种埋怨的心理去工作，工作对于他们而言，只是为了报酬而应付，何谈快乐，更无所谓享受！

既然这种方式去工作让我们感到如此之累，何不换一种态度呢？假如我们不得已选择了自己不喜欢或者不专长的工作，与其抱怨，还不如换种态度，感谢这份工作，感谢它给了我们一个锻炼的平台，感谢它不再让我们因无所事事而产生浮躁，感谢通过它实现我们的人生价值。在感恩的心境中，我们便很容易快乐起来。"一个人要学会感恩，才能真正快乐。"感恩是爱的根源，也是快乐的必要条件。如果我们对生命中所拥有的一切能心存感激，便能充分体会到人生的快乐、人间的温暖以及人生的价值。

人生苦短，既然已经选择一份职业，不管你刚开始是否喜欢它，都要学着用一颗感恩的心去对待。在感恩的心态中，你也将能从这份职业获取知识和经验，以及人脉。获取到这些财富，你就会对工作抱有越多的热情，而当你把更多的热情投入到工作中时，就会有越来越多的收获。如此循环，你既在工作中寻找到了乐趣，又给生活增添了色彩。

心存感恩，才能收获更多的幸福和快乐，才能摒弃没有任何意义的怨天尤人。心存感恩，能让我们更加珍惜身边的人和物，让我们渐渐麻木的心发现生活本是如此丰厚而富有，才更能领悟命运的馈赠与生命的激情。越是感激，心中对自己所做的事情拥有的热情越高。

职场中，心存感恩的人，脸上每天都绽放笑容，工作积极，从不拖沓，在轻松愉快的氛围中完成自己的工作任务，从而体会到工作中的乐趣。

[对工作，感恩才会热爱]

心存感恩，才能常常感觉到快乐。一个懂得感恩的人，会珍惜他所拥有的一切东西，尤其是工作，他会把工作看成上天的恩赐，把全部的精力投入到工作中。对工作心存感恩，才会积极主动地工作，才会热爱工作。在热爱工作的过程中，享受工作的乐趣。

因为别人给予了我们某些帮助，我们才对他们感恩。为什么要对工作感恩呢？工作是我们物质生活的来源，是我们自我价值实现的舞台。然而，大多数人却对自己的工作感到不满意，有时感叹工作的平淡无味，有时心烦工作的琐碎繁重，有时气馁于工作上的某种失败，等等。他们对工作抱有很大的怨气，在各种抱怨与不满中，他们的工作效率越来越低，最终将会被工作遗弃。

其实工作本身是充满各种乐趣的，那些抱怨工作的人是无法发掘这些乐趣的，只有一些心存感恩的员工，他们能够在枯燥的工作中发现神奇，在平凡的岗位上寻到精彩。他们在工作中一样会面临各种挫折和失败，但是，他们能用一颗平和的心态面对，积极去解决困难，而不是消极逃避，从而在失败的泥潭中站起来。心存感恩去看待我们的工作，我们就会发现，岗位为我们展示了广阔的发展空间，工作为我们提供了施展才华的平台，为我们的聪明才智找到萌芽的土壤。公司提供了工作的位置，让我们得到训练，从而掌握新知识，学习新本领，在工作中获得珍贵的经验，逐步实现我们人生的最高理想和最终目标。我们由此获得的便是快乐，我们便能积极地去营造自己的工作，在快乐中工作，在工作中享受乐趣，享受成功。

相反地，那些整天抱怨工作的人，会把自己想成是全世界最悲惨的人，自己怀才不遇，这个公司太小，工作太累，工资太低，老板太严厉，工作环境太差，等等。这样的埋怨存在心里，久而久之，就会变成冤屈和愤懑。他们的脸上很少浮现出笑容，经常唉声叹气。这样的员工，在办公室里永远不会受到欢迎。为什么不想象着自己是个幸运的人？学会感恩和珍惜，这样你看上去才能有好的气色，你的脸上才会充满由心里所生发出来的知足和快乐。会感恩的人，才是积极乐观、主动进取、敬业乐群的人。

我们要感谢我们的工作，感谢企业的存在，给了我们工作的机会，才有了展示自我的平台。企业为我们提供了发展空间和工作的位置，让我们得到培训，从而掌握新知识，学习新本领。当然，企业并非是完美的，而且没有哪份工作是轻轻松松的，总需要付出一些汗水，所以，不要抱怨甚至牢骚，从而消极地工作，这是缺乏感恩的表现。相反，我们应该抱着感恩的态度，尤其是在公司面临经济危机和困难的时候，每一名员工都要树立信心，相信企业，支持各级管理者，想方设法地尽一份责，出一份力，和衷共济，与公司渡过难关。

对工作心怀感恩的人，会以主人翁的精神对待自己的公司。主人翁的心态是感恩的表现，感恩自己的工作，感恩自己的公司，感恩自己的老板为自己提供了展现自己能力的舞台和更多的发展机会。心怀感恩，便能激发起自己更多的工作热情，会把自己当作公司的一员，会把追求公司的利益当成追求自己的利益，才能把自己的工作当作自己的事业来完成。主人翁精神，是要求员工把公司当成是自己的，以老板的角度和心态对待工作，像老板一样思考，像老板一样行动，像老板一样全力以赴地工作，处处为公司着想。

小张是一个建材公司的普通采购员，短短时间就做到总商品经理，在公司里堪称晋升最快的人。

小张毕业于上海某名牌大学，是学经济贸易的。毕业后就进入了这家建材公司，开始做采购。采购是一份很能锻炼个人能力的工作，对提高自我综合业务能力有很大的帮助，经常要面临很多突发事件，这就能锻炼一个人的应急能力和处理事情的能力；而且每天的工作内容都会有不同程度地更新，每天所接触的事情会丰富个人的见识和经验，会让个人进步，很富有挑战性。对于刚从学校毕业、毫无工作经验的小张来说，工作进行得极其艰难。虽然有很多东西不懂，但他主动去请教，采购部几乎每个人都当过他的老师。平时，他也从不以自己是名牌大学毕业生自居，反而处处表现得很谦卑。

为了做到一个合格的采购员，小张在学习的同时，总是坚持着一个原则，那就是随时都要想着为公司争取到最大的利益，每一分钱都要花的值得，要用最适合的价格买到最合适的产品，这是每个采购员都应该具备的。所以，小张在实践工作中，把公司当成是自己的公司。正是有了这种主人翁心态，他在工作中积累经验，逐渐掌握了谈判的要诀和技巧，同时注意把握一种双赢原则，考虑到供货商的利益，终于打开了采购工作的局面。

小张谦逊的做人态度，认真负责的工作态度，尤其是他的主人翁精神，引起了公司领导的注意，公司开始着重培养他。就这样，半年后，小张就晋升到采购经理助理，再到采购经理，到现在已经成为总商品经理。

一个以主人翁心态对待工作的人，因为他热爱自己的工作，对工作心存感恩，所以处处为公司的利益着想，以积极的态度来面对困难和挫折，以饱满的热情去完成自己的工作。

对工作感恩的人，就会对公司忠心耿耿。懂得感恩的员工，都有一个共同的特点：懂得珍惜，珍惜自己的工作，不会为了眼前的一己私利而出卖自己的公司。无论从企业的角度，还是从员工的角度，忠诚都是必需的。只有具备了"忠诚"素质的员工，才会以企业大局为重，真正关心企业的兴衰成败，认真思考企业经营发展之道，才愿意将自己的全部身心奉献给企业，以自己全部的才能为企业"添砖加瓦"为荣。任何公司都不会容忍或原谅员工的出卖行为，那些对公司不忠，为了一己之私不惜牺牲公司利益的人，最终会被职场所不容。

有一家旅行社在A城一直很受欢迎，但是后来因为竞争对手——另一家旅行社采取了不正当手段揽走了大部分业务，导致该旅行社突然陷入了前所未有的危机，眼看就要周转不下去了。

公司的老板是一位40多岁的女士，她对员工向来都比较慷慨。这次出现危机，她感觉非常对不起员工，于是她开会宣布："公司的资金周转暂时出现了困难，如果有人想辞职，我会立即批准。要是在以往我会极力挽留大家的，如今我已经没有挽留的理由了。现在还可以给大家多发一个月的薪水，在你们找到新的工作之前，这些钱还可以支撑一些日子。而如果继续下去，可能就连薪水也发不出来了，我不能耽误了大家的前途。"

老板说这些话的时候语气非常诚恳，还含着泪。有几个公司的老员工忍不住掉下了泪水，在他们的心中旅行社也是他们的另一个家，他们感谢公司给他们提供了工作的机会，这几年早就有了感情，公司出现了这样的状况，他们怎么能忍心离去呢？于是一个女员工含着泪说："老板，我们不能走，我们怎么能在这个时候离开！"

"对！我们不能离开！"几个员工附和着。

另外几个员工说："老板，不要灰心，我们一定能渡过难关的。"还有的员工表示，暂时不领工资，跟公司共患难。

老板心中一阵一阵的暖流，忍不住流下了热泪，她给员工们鞠了一躬，哽咽地说："谢谢！"之后，全体员工各司其职，上下一心，共同努力，公司的经营状况很快就恢复了好转。后来，这家旅行社不但没有倒闭，反而比以前做得更好。事后，老板深有感触地说："感谢我的员工，在公司最危难的时候，是他们——他们的忠诚帮助公司闯过了难关。"经过这件事，公司的效益提高了，老板调整了员工的薪资，给那些和公司一同闯过难关的人利益分红。

对工作心怀感恩，不由得更加敬业，会把公司的困难当成自己的困难，并且决心与公司同呼吸、共命运。当我们把身心彻底融入公司，当敬业成为一种习惯时，忠诚会带来信任，个人的职业生涯就会变得更加饱满，事业就会变得更有成就感，这样更可感受到工作的乐趣。而且用感恩的心对待工作，会让我们更积极主动，满怀热情，会让我们摒弃各种推诿和借口，在困难中凭着感恩的心态去克服，积极应对。

所以，一个拥有感恩心态的员工，热爱自己的工作，会把全身心的精力投入到工作中去，当积极和热情成为一种习惯时，便拥有了回报——快乐情绪能够带来业绩，个人的职业生涯就会变得更为圆满，事业则更有成就。如果说良好的心态是前提，适当的压力是促进，工作业绩是激励，那么快乐的工作就应该是贯穿始终的主旋律。没有好的心情，很难谈得上工作效率与成绩。在感恩的心境下，每天的生活都是充实的，生活也因为充实的工作而快乐轻松很多。于是，工作不再仅仅是一种职业，更成了一种享受。

要有一颗感恩的心，感恩我们的老板，感恩公司，感恩身边的同事，满怀感恩的心去快乐地工作，才能在事业道路上健康、快乐、快速前行。

[感激你的老板]

我们对工作心存感恩，更要感谢我们的老板。我们需要展现才华，而首先发现我们、承认我们才华的是我们的老板。是老板在肯定了我们才华之后，才给了我们这个平台。不要认为老板就是压榨我们劳动力的资本家，从而对老板心存怨恨。而要真心实意地感激老板，在感激中以努力工作来回报老板，回报企业。我们的事业之路，在老板的引导之下会更加顺利！

职场是一个大社会，人脉同样重要。所以，职场中每一个人，更包括我们的老板，都是我们的一笔重要财富。单打独斗，在这个社会是无法成功的，我们的事业需要这些人际网帮我们铺路。我们的老板、同事，都是我们的工作伙伴，在他们的帮助和支持下，我们才能在这个舞台上走得更加顺利，更加精彩。所以，很难以理解有些员工为一个陌路人的点滴帮助而心存感激，却无视朝夕相处的上司、同事的种种帮助和支持。是他们的帮助和支持，才能成就我们今后事业的成功。如果我们以一种敌视、孤立的态度来对待身边的同事和老板，那么我们离成功会更远。

从商业角度来讲，老板和员工之间并非是对立的，更是一种合作共赢的关系。从情感的角度来看，肯定存在亲情和友谊！

为什么说是合作共赢呢？很简单，员工努力工作，为企业创造效益，老板的利润高；企业效益好，员工的工资会按时分发，甚至工资涨幅也大。所以，员工的口袋与企业的利润息息相关，老板的利润高，员工获得的报酬也不会很低。

为什么说存在亲情和友谊呢？当一个人找了好久的工作，终于在这个企业里立足的时候，而且得到了老板的认可。那么，在他心目中老板就是他的伯乐。而且长时间在一起工作，会产生一种归属感，在公司的前面会无意识地加"我们"两个字。员工就与企业融为一家，与老板之间就具有了一种类似亲情的亲切感。

在一个旧家具市场的一角，摆放着一堆毫无用处的杂物，不管是刮风下雨还是阳光普照，都没有人会注意到。人们心里所想的只是：这是一堆杂物，毫无用处，什么时候就被当柴火烧掉了。

这堆杂物中间有一架旧钢琴，它在这里躺了好久，经历了风吹、雨淋、日晒，变得更加肮脏。虽然变成了这样，但是它一直相信自己还是有用处的。面对人们的漠视，它很委屈，但是它一直相信自己会遇到认识自己价值的人。

这一天终于来了。一个老人走进了旧家具市场，瞄向这堆杂物的时候眼睛突然一亮。旧钢琴激动了，它知道它终于等到这双与众不同的眼睛了。果然，老人慢慢走进这堆杂物，把一些腐朽的木头扔开，露出了钢琴全部的身躯。他前后仔细地看了几遍，然后，用袖子拭去尘土，并且向附近的人们借了抹布和去污水，不一会儿，老人的手下就出现了一架锃亮的钢琴。老人又微微笑着，掏出工具，调试了一番，钢琴发出清脆优雅的声音。

围观的人越来越多，大家都好奇这老头子能让这架旧钢琴变成什么样子。老人搬来把椅子，坐在那里屏息了一会儿，骤然间，悠扬、铿锵的琴声从老人的指缝间流淌出来。围观的人们越聚越多，大家不仅赞叹老人的琴艺，更多的是称赞原来它是一架好钢琴！

"真是一架好钢琴啊！"

再好的才华，没有人发现也是毫无用处。这架钢琴感谢老人的知遇之恩，如果不是老人，它将永远失去存在的价值。即使将来还是有人会发现，但是还是需要等待。我们从学校毕业，满腹才华，对未来也是踌躇满志。但是这个社会人才济济，并不是每个人都能找到合适的发挥自己才华的舞台。一旦被一个企业接纳，那种感觉是充满感恩的。如果不是我们的老板，招聘我们的上司，我们要再次漂泊在找工作的艰难之路上。因此，不管是从金钱的角度讲，还是从情感的角度讲，我们都应该对老板心存感恩。对老板心存感恩的员工，会对公司产生一种认同感，把公司的事情当成自己的事，这种责任感促使他不断地为公司创造效益，在不抱怨的前提下，更快乐地投入到工作中。

然而，现在很多人总是喜欢抱怨自己的老板，不近人情、苛刻、吝啬等词语都是他们用来谈论老板的。其实大多数时间，这种情况都是在工作一段时间之后发生的。员工对公司的新鲜劲头一过，会马上与其他公司做对比，在对比中不断抬高自己以前公司老板或者朋友公司的老板，而贬低自己现在公司的老板。对老板"失望"之后，他们会再次认为自己怀才不遇，郁郁寡欢，这样的员工的工作业绩是不可能优秀的。他们把自己在企业中发展不顺的原因归结为老板的问题，越是抱怨，越是抗拒工作，事业之路会更加坎坷。

对老板不满，怨恨老板，会产生两种后果：一种是在怨恨中消失了工作积极性，丧失了上进心，慢慢地工作质量越来越差，终将被老板炒鱿鱼；一种是在怨恨中拍案而起，一气之下辞职不干，跳槽选择其他公司——但是这类人，总是不停地跳槽。两种后果，对我们的发展一点好处都没有。

其实，首先我们要学着理解老板，站在老板的角度上考虑问题。老板的苛刻是他的责任，他需要给他的客户完美的产品和服务，只有他苛刻，员工才会对自己的工作苛刻。当然很多人感觉老板都是坏脾气的，其实大多数老板，他之所以成为企业的老板，是具有一定素质的，懂得如何管理自己的情绪，并非是坏脾气。经营管理一家公司或一个部门同时又有复杂的工作，会面临种种烦琐的问题，来自客户，来自公司内部巨大的压力，随时随地都会影响老板的情绪，要知道老板也是普通人，有自己的喜怒哀乐，有自己的缺陷。我们要理解老板，不能对老板太苛刻。当我们做一名员工的时候，会有很多人这样想，希望自己工作轻松，而且薪水不低。但是等你作为一名老板，你就会发现，老板希望员工努力工作，为公司创造效益，那么员工的薪水是不会低的。所以，我们要站在老板的立场上思考，多替老板分担，你身上就会散发出一种善意，影响和感染包括老板在内的周围的人，这种善意最终会回馈到你自己身上。如果我们能设身处地地为老板着想，怀抱一个感恩的心，或许能重新赢得老板的欣赏和器重。退一步来说，如果我们能养成这样思考问题的习惯，最起码我们能够做到内心宽慰。

其次，我们的工作机会是老板提供的，在他的企业里我们学会了很多知识和技能。我们在一个企业里上班，不可能是一无所获，除非是我们自己在这个工作岗位上混日子，一点东西都学不到。真正用心工作的员工，在任何一个地方哪怕做琐碎的工作，他都会有所收获。有的老板看中你是一只潜力股，会给你培训的机会。而且在这个企业里我们积累了一定的职场关系，这也是我们收获的一部分。这一切，难道不能成为感谢老板的理由吗？关键看我们把注意力集中在什么地方。如果我们刻意去挑老板的毛病，那么老板就全身是毛病，我们就会怨恨他。如果我们多去看老板帮助我们的地方，我们会不由自主地产生感激之情。

另外，有很多员工怀着怨恨老板的心情离开公司，而且离职的时候还与老板闹得不欢而散。这样的员工其实是最笨的员工。职场上，人际关系是一笔巨大的财富，多个朋友多条路，很有可能我们和老板会再次打交道，但是我们与老板曾经的矛盾就会引起我们很大的损失。与老板对着干，会给我们的事业造成很大的阻力。

小琴是学平面设计的，大专毕业后进了一个广告公司。公司虽然不大，但是经营并不差。老板很看重小琴这种刚从学校毕业的潜力大的员工，有意栽培她。

有一天，公司有一个去北京进修的机会，老板毫不犹豫地就让小琴去了。学习期是三个月，老板满怀希望等着小琴回来为公司创造更大的效益。

谁知道就在学习期满的最后两天，小琴的手机忽然打不通了。老板怎么都联系不上她，顿时气极，想到小琴原来就是利用公司得到免费培训的机会，从而跳槽去大公司。

老板的预料没有错，小琴就是这样打算的，她为自己的计划得意不已，并且想到自己的前途也充满了信心。但是她的如意算盘打错了。孙悟空再怎么蹦跶，也蹦跶不过如来佛祖的手掌心。老板是何许人也！他能开起公司，在业界也是有点名气的。他也在广告业混迹多年，怎么可能被一个黄毛丫头给耍了。于是，他在广告界广泛宣传员工的忠诚度，把小琴的例子毫不隐瞒地用了出去。

毫无疑问，小琴在广告界难以立足了。当她在北京踌躇满志地把自己的简历递给一家大公司的时候，公司的招聘人员看都没看就刷掉了她。好几次同样的经历之后，她才明白这一点。

得到了老板的恩惠，不仅不懂得感恩，反而恩将仇报，这样的员工是职场中的败类。把曾经的老板变成敌人，这样的做法十分不明智。

张嘉同公司的老板闹翻之后，一气之下就辞职了。辞职的原因就在于她一直不赞同老板的管理理念，两人经常产生分歧，老板指责她执行不力，她也觉得自己施展不开手脚。她才决定辞职，走的时候，老板骂她忘恩负义，她对老板说："不要以为我离开你的公司，就找不到好工作！"

之后，张嘉应聘到同行业的另一家公司做主管。正当她开始专心工作的时候，却接到了公司的解聘书。她不明白原因，难道是自己能力不强吗？困惑之中，她敲响了老板的门。

老板听张嘉的诉说，不说一句话。之后，老板反过来问了她两个问题，让她回答"是"或者"不是"。

一个是："你去美国学习是以前的公司委派的吗？"

张嘉回答："是。"

另一个是："你跳槽是因为跟老板意见不合吗？"

张嘉回答："是。"

老板说："这就是解聘你的原因，因为你不够忠诚。"

张嘉大吃一惊，难道与老板意见不合就是不够忠诚吗？她还来不及辩解，老板就毫不留情地让她走人。

事后，张嘉觉得很奇怪，自己在以前公司的事情现在的老板怎么会知道。正好，以前公司一个关系要好的同事打来电话，这个同事与那老板的老婆关系挺好，她告诉了张嘉内幕，原来，张嘉以前的老板同现在的老板认识，便告诉现在的老板，说张嘉忘恩负义，不把老板放在眼里。其实，张嘉去美国学习虽然是公司委派的，但是她自己负担了一半费用，而且现在也超过了协议中规定的为公司工作的期限。

张嘉顿时气得说不出话来。

并不是每个老板都有那样的度量，员工炒了老板的鱿鱼还能被老板提携。张嘉其实并不是对公司不够忠诚，她错就错在不会处理与老板的关系，让老板产生报复心理。聪明的员工不会这样做，他在离职前会想很多，他会抛弃对老板的个人偏见，反而心怀感激之情。每一份工作，每一个老板都不是尽善尽美的。他会想到，这一份工作多少都存在着一些宝贵的经验与资源，失败的沮丧，自我成长的喜悦，严厉的上司，温馨的工作伙伴，值得感谢的客户，这些都是人生中值得学习的经验。既然要走了，就给老板留个好印象吧。所以，他的心情自然是愉快而积极的。

所以，离职的时候，不要总是挑公司的毛病，可以趁机向老板表示感谢，如："谢谢公司对我的培养，让我学到了很多东西。"老板即使以前再对你不满，看到你的诚恳也会改变看法。说不定他会给你更好的待遇来挽留你，或者帮你写一封推荐信，让你去其他公司上班。老板并不单单要你为他创造效益，他其实也想扩大巩固自己的人际圈。以感恩的心对待老板，就算离职，我们也不会有任何损失。

会做事不如会做人，会做人不如会感恩，会感恩的人是最好用的人！这是每个企业的用人准则。我们要感谢自己的工作，感谢我们的老板，在感恩的心态中积极努力工作。因为感恩，心态会更加平和，更加积极，那么快乐也尾随而至！

第三章

和谐的办公室人际环境

工作环境直接影响我们工作时的情绪，进而影响我们的工作效率。办公地点周围的环境固然重要，但是更重要的是办公室内的人际环境。也就是说，办公室的人际关系处理是非常重要的。一个和谐的办公室人际环境，能让我们有一个轻松愉快的工作氛围。心情舒畅起来，工作任务就在快乐的心境中完成。到底如何创造一个和谐的办公室人际环境呢？这需要我们从自身做起，从我们与同事或上司交往中的言、行、举、止开始，如果我们处理得当，工作比任何时候都要轻松。这才是享受工作乐趣的前提！

微笑，是和谐环境的前提

和谐的工作环境，是由每一个成员共同营造的。而微笑，是创造和谐工作环境最有效、最简单的方式。微笑并不值钱，也并不费力，每一个成员如果都付出微笑，整个办公室就会出现一种温馨、积极的氛围。可以肯定，当我们看到真诚和善意的微笑时，我们的心灵就会绽开一朵朵的花。它可以化干戈为玉帛，化乖戾为祥和，它也可以使人和人之间变得更友善，使世界变得更温馨。

微笑是一种友善的表示。我们与人初次见面，最期盼的就是看到对方微笑。无数的事实告诉我们：处世就好比一面镜子，你对别人什么态度，别人也会对你什么态度。你若孤高气傲，那么他人也会冷眼相对；你若真诚友善，那么他人也会笑脸相迎。微笑是最简单的表示友善的语言。美国的卡耐基说："微笑，它不花费什么，但却创造了许多成果。它丰富了那些接受的人，而又不使给予的人变得贫瘠。它产生在一刹那间，却给人留下永久的记忆。"对别人微笑，其实应该不只是对别人，这个微笑，也是对自己的。据说，人在四十岁以后的相貌，应由自己负责，对别人充满戾气的人，对自己也未必友善。看上去不起眼的微笑，其实具备很大魔力。对别人微笑的时候，我们的心情也会开朗很多。

有一个名为"微笑是你的名片"的故事：

山西太原有一家印刷厂，名气很大，业务做得也很广泛。印刷厂的老板吴某头脑十分灵活，经商有道，社交场合更是应付自如、左右逢源。按说这样一个企业老板，一定能让企业更上一层楼。然而，却相反，在厂子办到第5个年头时，企业出现了危机：厂里40%左右的技术骨干纷纷跳槽了！对于印刷这样一个技术行业来说，这是非常大的损失。吴老板开始想办法留住员工，如提高员工的工资和福利待遇、改善食堂伙食等。但是这些努力并没有让技术骨干回心转意。两年后，印刷厂入不敷出，吴老板只得把经营七年之久的厂子抵押出去，还了银行贷款。

吴某毕竟是做大事的人，他没有因此消沉。通过了解，他知道了问题的关键所在。他的印刷厂管理模式与管理方式并不存在问题，问题就在于他自己的"脸面"。不管在任何场合，任何时间，他永远都是板着一张脸。员工都很怕他，甚至有些员工很反感。客户们也对他的表情感到不舒服。最简单、最廉价的微笑，居然是他失败的原因！吴某想了很多，他不能就此跌倒，他还想重新站起来。

于是，他开始重新找工作，不久就应聘到一家晚报搞发行。短短时间，他从一个普通的报纸发行员坐上了发行总监的位子。而这次迅速取得成功的原因，就在于他总结了自己第一次失败的教训，从此把微笑挂在脸上。他有一个独特的名片，跟其他人的不同。名片上除了姓名和联系方式外，居然没有任何头衔，只印有一行醒目的字："你微笑，世界也微笑！"而且，他也付诸了行动！

《辞海》说，笑是"因感喜悦而开怀"，也是人类内心世界的七情六欲之一，但它却是一种高质量的精神状态，特别是微笑。自古以来人们就有"千金难买一笑""一笑解千愁"的说法，而"尘世难逢开口笑，菊花须插满头归"说明真正做到笑口常开不容易，出门办事最怕的就是"铁板脸""苦瓜脸"。当你满面微笑的时候，对方已经对你有几分好感了。

你的微笑散发出来的友善信息，会赢来更大的财富！

微笑是一种积极的力量。脸上经常面无表情，甚至充满怨恨或者冷漠表情的人，给人一种消极的力量。他们经常愁眉苦脸，无精打采，眼神呆板。这样的人不会很有亲和力，因为每一个都是构成他人环境的一部分，没有人会喜欢一个忧郁的、灰暗的、令人压抑的环境。微笑，给人一种自信的力量。所谓"微笑"，多指对事物心领神会后的小笑，而生成这种笑细胞的基因就是自信。微笑会给自己带来自信。当你逐渐养成了经常微笑的习惯，你就会觉得充满了力量，充满了信心。雄心勃勃的人，眼睛发亮，满面春风。人的面部表情与人的内心体验是一致的。笑是欢乐的表现。笑能使人心情舒畅，振奋精神；笑能使人忘记忧愁，摆脱烦恼。微笑的人并非没有痛苦，但是他能把痛苦埋在心底，用微笑去阐释。在微笑的同时，他能获得一种积极向上的力量，面对困境就有了信心。喧嚣尘世，受约束的是生命，不受约束的是心情。只要心是晴朗的，人生就没有雨天。生命有时只缺少一个真诚的微笑。

微笑是最有效的沟通语言。英国诗人雪莱说："微笑，实在是仁爱的象征，快乐的源泉，亲近别人的媒介。有了笑，人类的感情就沟通了。"微笑能够缩短人与人的距离，微笑的时候会让陌生人之间消除很大一部分的陌生感。熟人之间产生了误会，一个微笑能化解尴尬，让心灵瞬间靠得很近。当你向别人微笑时，实际上就是以巧妙、含蓄的方式告诉他，你喜欢他，你尊重他，他是一个受欢迎的人。这样你在给予别人温暖与鼓励的同时，你也就容易博得别人的尊重与喜爱。

萧萧是一位空姐。这天她遇到一位非常难伺候的乘客。

飞机起飞前，这位乘客要求萧萧给他倒一杯水吃药。因为这个时候机舱并不平稳，她很礼貌地对乘客说："先生，为了您的安全，请稍等片刻，等飞机进入平稳飞行后，我会立刻把水给您送过来，好吗？"乘客也就答应了。

15分钟后，飞机早已进入了平稳飞行状态。这时候，乘客服务铃急促地响了起来。萧萧突然想到那位要吃药的乘客，自己太忙竟然把这事给忘记了。肯定是那位乘客在按铃！果然是他。萧萧赶紧把水送到这位乘客面前，面带微笑地说："先生，实在对不起，由于我的疏忽，延误了您吃药的时间，我感到非常抱歉。"乘客一脸的恼怒，并不理会她的道歉，反而指责她。萧萧只能一味地赔礼道歉。

接下来的飞行途中，为了补偿自己的过失，萧萧每次去客舱给乘客服务时，都会特意走到那位乘客面前，面带微笑地询问他是否需要水，或者别的什么帮助。然而，那位乘客余怒未消，摆出一副不合作的样子，并不理会萧萧。

快要抵达目的地的时候，这位乘客要萧萧把留言本给他。遭了，肯定是投诉的！这个月又要挨骂了。萧萧无奈，但是她仍然态度良好，心想这也是自己的失误造成的，要为自己的失误付出代价，这是应该的。所以，她依然面带微笑说道："先生，请允许我再次向您表示真诚的歉意，无论你提出什么意见，我都将欣然接受！"乘客停顿了一下，就在留言本上写了起来。

飞机降落之后，萧萧已经做好了被骂甚至被炒鱿鱼的准备了。谁知道，同事把留言本拿给萧萧，还说："该不会哪位乘客对你动情了吧，真让人嫉妒！"萧萧把本子拿来，吃惊地看到，这并不是投诉信，而是表扬信。这位顾客写道：

"在整个过程中，您表现出的真诚的歉意，特别是你的十二次微笑，深深地打动了我，使我最终决定将投诉信写成表扬信！你的服务质量很高，下次如果有机会，我还将乘坐你们的这趟航班！"

微笑展现一个人积极的人格魅力。经常微笑的人，他们身边总是围绕着一群人，他们会因为他微笑散发出来的人格魅力而靠近他。那些成大事的人，他们拥有聪明的头脑，灵活的经营手段，但是他们的人格魅力却更重要。因为人格魅力，才让更多的人靠近他，与他一起携手打拼天下。

著名的"三米微笑原则",是沃尔玛服务顾客的秘诀之一。它是由沃尔玛百货有限公司的创始人山姆·沃尔顿先生传下来的。他要求自己的员工:顾客在走到员工三米之内的时候,要眼睛注视顾客,面带微笑,露出八颗牙齿,与顾客打招呼,并询问能帮助顾客做什么。这种微笑,让顾客产生一种亲切感。凭借"三米微笑原则",沃尔玛在业界缔造出一个令人神往的购物天堂,"三米微笑"使所有光顾过沃尔玛的顾客为之流连,因为在这里能真正体会到做"上帝"的美妙感觉。

沃尔顿是一个雄心勃勃喜欢竞争的人,还在他刚进入哥伦比亚州的密苏里大学时,他就下定决心要当上校学生会主席。他曾说过:"我很早就懂得要成为一名校园领袖的秘诀之一就是:要首先向对面走来的路人打招呼……我总是直视前方并朝每一位向我走来的人打招呼。""如果我认识他们,我会叫他们的名字;但如果我不认识,我仍然会与他们说话。不久,我就成了学校里认识同学最多的人了。他们认识了我并视我为他们的朋友。我积极参与竞选每一个社团的领导职位。"打招呼最简单、最直接的方式就是微笑!

所以,沃尔顿发现这一秘诀,并且严格执行。1962年,他创立了沃尔玛公司。仅仅40年的时间,沃尔玛公司已经成为美国最大的私人雇主和世界上最大的连锁零售商。目前,沃尔玛在全球开设了7800多家商场,员工总数200多万人,分布在全球16个国家。每周光临沃尔玛的顾客达1.76亿人次。

沃尔玛成功的原因有很多,但是这"三米微笑原则"真正让顾客喜欢上这个购物天堂。沃尔顿的微笑,让他的人格魅力迅速升级,获得员工和客户的认可。他推及这一原则,让自己的每一位员工也具有这样的人格魅力,让整个沃尔玛公司散发出一种温馨、和谐、蓬勃向上的氛围。

办公室本身是一个严肃的地方,尤其是在忙碌的时候,每个人都在紧张自己的工作任务。如果大家都紧绷着一张脸,从彼此身边经过一点表情都没有，这种气氛下，再简单的工作做起来都没有劲。相反，如果出现一抹微笑，气氛就会不由自主地活跃起来。而微笑是一种感染力非常强的表情，整个办公室的人也会露出微笑，大家在如此温馨、和谐的工作环境中轻松愉快地工作。

人人都乐意与满面微笑的人打交道，职场中经常面带微笑、保持积极心态的员工更受欢迎。

阿娇是一家花店的老板，店面不算很大，但是花店的信誉好，顾客也很多。阿娇忙不过来，就让妹妹来帮忙，但是妹妹也有自己的工作。她只好开始招聘售花小姐。

阿娇把招聘广告张贴出去后，几天内就来了十几个应聘的女孩子。经过筛选，阿娇留下来两个，一个是曾经卖过花的名叫小希，一个是没有一点工作经验的名叫小云。两个女孩子都很漂亮，但是花店只需要一个。阿娇便给她们一个星期的试用期，优胜劣汰。

小希很高兴，她自信自己一定可以通过考验。每当有顾客进来，她就不停地介绍，几乎每一位顾客进花店，她都能说得让人买一束花或一篮花。小云就不一样了，她对花的种类不是很了解，但是她一直面带微笑，很认真地做。

妹妹看到这两个人，对阿娇说，最后留下的肯定是小希。你看小希多专业啊！阿娇笑笑，并不赞同。为什么不赞同呢？这几天她观察两个女孩子，虽然小希业绩好，卖得快，但是她是一种职业性的，职业性的语言，职业性的微笑，缺乏真诚。小云虽然对花不是很懂，但是她置身于花丛中的笑脸简直就是一朵花，从内心到外表都表现出一种对生活、对工作的热忱。一些残花她总舍不得扔掉，而是修剪修剪，免费送给路过花店的小学生，而且每一个买花的顾客，都能得到她一句微笑的甜甜的祝福——"鲜花送人，手有余香"。顾客听了之后，往往都会开心地回应她一笑，然后快乐地离开。

一个星期之后，小希的业绩明显比小云好，阿娇却选择让小云留下。妹妹十分不解，明明小希的业绩好嘛！阿娇微笑着解释道："用鲜花挣再多的钱也只是有限的，用如花的心情、如花的微笑去挣钱才是无限的。花艺可以慢慢学，经验可以积累，但如花的心情不是学来的，小云的微笑，比花艺更有潜力！"

国外曾有一句处世格言："一个人的微笑价值百万美元。"微笑的价值是惊人的。尤其是在服务行业，真诚的微笑就是潜在的财富。一位商人如此赞叹："微笑不用花钱，却永远价值连城。"当然，微笑是发自内心的，不是表面上的一种应付。应付性的微笑，无法在对方心里留下痕迹。真诚的微笑，却能在对方心底里激起涟漪。美国一家百货商店的人事经理曾经说过，她宁愿雇佣一个没上完小学但却有愉快笑容的女孩子，也不愿雇佣一个神情忧郁的哲学博士。苦瓜脸，会拉开你与他人的距离。

微笑除了真诚以外，还要自然。在办公室里，如果为了响应老板的号召天天微笑，却笑得十分勉强，那还不如不笑。装笑的人，表情最可怕。另外，微笑也要适度。微笑是向对方表示一种礼节和尊重，我们倡导多微笑，但不建议你时刻微笑。微笑要恰到好处，比如当对方看向你的时候，你可以直视他微笑点头。对方发表意见时，一边听一边不时微笑。如果不注意微笑的程度，微笑得放肆、过分、没有节制，就会有失身份，引起对方的反感。

办公室中与我们打交道的都是我们的同事或上司，如果我们每天都保持微笑，我们不费吹灰之力就会赢得他们的好感与尊重。而且，你的微笑将感染其他人，每个人都能在这种微笑的环境中愉快地工作。

学会说话，说好听的话

语言是一门艺术，职场同事之间语言的交流，也直接影响环境的和谐。说什么、怎么说，什么话能说、什么话不能说，都应"讲究"。说了不该说的话，不仅影响与同事、上司之间的合作关系，而且还给自己埋下祸端。为了创造一个和谐的办公室人际环境，一定要学会说话，多说好听的话。

语言是双方信息沟通的桥梁，是双方思想感情交流的渠道。语言在人际交往中占据着最基本、最重要的位置。有很多难以解决的问题，就能在"说话"上被摆平。著名成功学大师卡耐基曾经讲述过这样一个故事：

我常常带着我的爱犬雷斯到附近的森林公园去散步。

这天，我在公园遇到一位骑马的警察。这位警察看到我们就开始吆喝："你为什么让你的狗跑来跑去，不给它系上链子或戴上口罩？难道你不晓得这是违法的吗？它可能在这里咬死松鼠，或咬伤小孩子。这次我不追究，但假如下回在公园里我看到这只狗还没有系上链子或套上口罩，你就必须跟法官解释啦。"

我便微笑着应答。第二天，我尝试着给雷斯戴口罩，但是它死活不肯。我只好放弃。

又一天下午，我们在公园里再次遇到那位警察。我知道这次他肯定不会放过我了。我灵机一动，何不来个先发制人呢？于是，我赶紧朝着警察说：

"警察先生，这下你当场逮到我了。我有罪，我没有托辞，没有借口了。你上星期警告过我，若是再带小狗出来而不给它戴口罩你就要罚我。"

出乎意料的是，警察的声音不再像上次那样盛气凌人了。他反而轻声地说："这好说好说，如果没有人在的时候，谁都忍不住想带这么一条小狗出来溜达。"

我装作很为难的样子说："但是这是违法的啊！"

警察想了想，笑着说："像这样的小狗大概不会咬伤别人吧？"

我心里偷偷开始乐，便说："不，它可能会咬死松鼠。"

警察先生大笑："我们这样办吧，你只要让它跑过小山，到我看不到的地方，事情就算了。"

我跟着雷斯开始跑，回头看到那位警察对着我微笑。

会说话的卡耐基把这场小纠纷成功地摆平了。如果是不会说话的人呢？可能不仅要受到严厉的训斥，恐怕得交罚款了吧！俗话说："会说话的令人笑，不会说话的令人跳。"说话技巧在人际交往中非常重要。职场中，人际关系比较复杂，说话更要注意。可能是我们的一句话，甚至一个字说错了，就会造成无法挽回的后果。

广州有一家公司准备扩大业务，打算与一个海外的客商合资办厂。这天，海外客商来到公司，准备找公司经理洽谈。在门口迎接客商的是经理的秘书，他见到客商立马笑容满面，与客商热情握手，并说："我们经理在上面（指二楼会客室），他叫你去。"

客商当场一愣，随即愠怒："他叫我去？我又不是他的下属！"他立马转身，说："贵公司如有合作诚意，叫你们经理到我住的宾馆去谈吧。"说完拂袖而去。

其实，这个时候的经理正在会客厅里准备好烟茶水果，专门候着客商呢！却因为秘书的一句话，让这次洽谈的成功率降低许多。

讲话，最基本的就是要注意礼貌，注意用语的场合。有一些员工性格直爽，不拘小节，讲话总是大大咧咧，好听的话不会说，反而挑不好听的话说，在无意中伤害了同事。

小娟大专毕业，应聘到一个企业做办公室文员。她平时文文静静，话也不多，刚开始大家都很喜欢这位文静的小姑娘，但是时间稍长一点，却又都受不了。

有一次，一个身材稍微有点胖的同事穿了一条新连衣裙，进办公室的时候满面喜气。其他同事纷纷夸赞："裙子真漂亮！""你穿上真是合适极了！"同事更高兴了，她看到小娟还是和往常一样文静，就问小娟她的裙子怎么样。小娟想都没想一下就说："你身材太胖，不适合。"同事有点尴尬，小娟没有意识到，又继续说："这颜色你穿有点艳，根本不合适。"

这下子，同事开始生气了，气哼哼地走了。刚刚称赞裙子漂亮的几个同事也感觉非常尴尬。大家都感觉小娟实在太不懂得说话了。

又一次，一个男同事要去参加书法比赛。大家听说小娟以前在大学里拿过书法比赛二等奖，这个同事便来向小娟讨教。其实，这个同事书法写得很好，说是讨教，其实是想获取一点信心罢了。

小娟见此，毫不推脱，就开始滔滔不绝地说起了她自己大学时期的辉煌往事。同事问她："我比赛的时候紧张怎么办？"这本来是谦虚的话，小娟一点都没听懂，说："是啊，会紧张的，像你没参加过比赛的人更会紧张……"搞得大家都很无趣。

人人都喜欢听赞美的话、好听的话，把赞美的话说到恰到好处，不仅能够让气氛变得更加活跃，而且更加拉近与对方的距离。当然，会有人说，明明不好看的你却说好看，是不是太虚伪了啊！虽然有时候真诚的人会受人欢迎，但看是在什么场合了。亲朋好友之间，关系非常亲近的，就没有必要拐弯抹角。但是在职场，左右逢源的人才吃得开，才受大家的欢迎。这些说话技巧绝不是为了虚伪、巧言令色，而是为了更好地处理人际关系。

赞美的话，说起来也是有技巧的，说得好了对方会高兴，说得不好了对方会感觉是奉承，反而生出反感。

赞美别人的时候，首先一定要真诚，拍马屁不叫赞美，这些违心的称赞会让别人觉得很难堪。

赞美别人的时候，主要去赞美事实，而不是人。要是我们把赞美的焦点放在了别人所做的事情上，而不是他们本身，他们就会更容易接受你的称赞，而不会引起尴尬。比如："小丽，你昨天送给我的刺绣真是太棒了！"这样的赞美要比"小丽你真是太厉害了"效果要好得多，对方容易接受，而且会让对方产生一种自豪感。

赞美要具体，最好是针对某一件事情而赞美。比如一个身材不好的同事，在某一天换了一个手提包，你就可以赞美："这手提包很有质感，你提起来气质都提升很多！"

赞美的话就像一朵朵的百合花，在办公室盛开之后，会让同事之间关系更加和谐。而且，我们也注意到，当我们赞美别人的时候，别人会高兴，而我们也能从对方高兴的笑容中获得快乐。因此，每天至少赞美三个人，那么，你将感受到自己的快乐指数也在不断上升。整个办公室里，如果大家都能做到这一点，在工作的时候就能其乐融融，在享受工作的同时，工作效率也大大增加。

做个受人欢迎的好同事

建立和谐的人际关系，得到大家的喜爱，这在职场环境里，无疑对自己的生存和发展有非常大的帮助。并且有一个愉快的工作氛围，可以使我们忘记工作的乏味和疲倦，也使我们对生活有一个良好的心态。但是，这种简单的要求在办公室却很难实现，很多人都对办公室人际关系感到厌倦。实际上，只要我们为人直率，不断努力，做个受同事喜爱的同事并不是很难的事。

职场上，如果你对自己的上司有意见，那么，直接的沟通才是正确的做法。冷静地分析你就会明白：在遭遇问题的时候，由于每个人的思想观念、出发点不同，难免会产生不同的意见，最直接的方法是心平气和地沟通交流，化解误会。一定不能把问题留在心里，而随处张扬，否则经过人们的议论，就会产生更大的误会，一旦让上司知道，矛盾便不可化解了。

假如你把这当作习惯，那么你就是再努力工作，做出了不错的成绩，也很难得到上司的赏识。同时，你在背后说领导一些不该说的话，也会暴露你自己的问题，一旦留下话柄就会遭人陷害，这些不良因素加起来，就会影响你的发展。最好的办法就是坦诚地发表自己的意见，相信你只要坦诚，就会感化领导，顺利地解决问题。这样不仅能得到领导的尊重，还能体现你的人格魅力，增加领导对你的信任。对于新员工来说，善于从老同事那里吸取经验。那些比你早来的同事，相对来说会比你拥有更多的经验，适当的机会，我们不妨聆听他们的意见，从他们的成败得失里寻找可以借鉴的地方。这样不但可以帮助我们自己少走弯路，更会让他们感到我们对他们的尊重。尤其是那些资历比你长，但其他方面比你弱一些的同事，会有更多的感动；而那些能力强的同事，则会认为你善于进取，便会乐于关照并提携你。

相反，我们经常看见一些不懂得尊重他人的新人，进入单位以后自恃清高，不向有经验的人请教问题，最终不仅孤立了自己，而且工作上一旦出现问题，就会停滞不前，久而久之，便扼杀了自己的职业生涯。

而对于职场的老员工来说，要对新同事提供适当的帮助。新到的同事对手头的工作还相对陌生，当然很想得到大家的指点，但是却不免胆怯，不好意思向人请教。这时，我们最好主动去关心帮助他们，在他们最需要得到帮助之时，伸出援助之手，往往会让他们心存感激，打心眼里深深地喜欢你，并且会在今后的工作中更主动地配合和帮助你。老员工，切不可自以为是，把新同事不放在眼里，在工作中不尊重他们的意见，甚至叱责他们。这些态度都会伤害对方，从而对你产生厌恶。

巧妙恰当地关心异性同事。人们对性骚扰都会感到厌恶，但是假如能利用自己性别上的优势去帮助异性同事，则会得到他们的好感。不容怀疑，两性各有各的长处，比如男性较有主意，更能承受艰苦劳累的工作，也能更理性地分析并解决问题，等等；而女性呢，则显得比较有耐心，做事细心有条理，善于安慰人，等等。虽然只是同事，但每个人也希望得到同事们的关心和理解，若能善于发挥自己的长处，对异性同事多些关心和帮助，如男性多为女同事做一些她们觉得较为吃力的差事，女性多分担一些需要细心的工作，多为办公室环境的和谐做些事。这些对我们来说并不难，效果却很好，对方对你所给予的关心与支持打心眼里感激，将你视为可以信赖的好同事。

学会谦虚忍让。在职场中，有一些人处理不好与同事的关系，究其原因是过于在乎自己的利益。老是争求种种的个人利益，时间长了就会惹起同事们的反感，无法得到大家的敬重。而且他们总在有意或无意之中伤害了他人，最后使自己变得孤立。而在实际上这些东西未必能带给你多少好处，反而弄得自己身心疲惫，并失去了良好的人际关系，可谓是得不偿失。

如果对于不影响自己利益的一些事情，就要多一份宽容，既彰显自己的大度，又能避免矛盾的发生。假如单位分东西分少了的时候，一些荣誉称号多让给即将退休的老同事，等等；再比如与其他人共同分享一笔奖金或是一项殊荣，等等。这种豁达的处世态度无疑会赢得人们的好感，也会增添你的人格魅力，从而带来更多的"回报"。俗语所说的"吃小亏占大便宜"从一定程度上说明了这个道理。

开朗幽默的性格让自己变得可爱。如果我们从事的是单调乏味或是较为艰苦的工作，千万不要让自己变得灰心丧气，更不可与其他同事在一起怨声载道，而要保持乐观的心境，让自己变得幽默起来。如果是在条件好的单位里，那更应该如此。因为乐观和幽默可以消除彼此之间的敌意，更能营造一种良好的人际氛围，这能使大家变得非常轻松，消除了工作中的劳累。那么，在大家的眼里你的形象就会变得可爱，容易让人亲近。当然，我们要适当把握分寸，把握住工作和娱乐的场合，否则会招人厌烦。

只要你以良好的态度注意以上方面去努力实践，同时在工作时保持做人的正义感，那么做个让人喜欢的好同事，得到一个好人缘并就不会是难事，工作便也成了一件让人轻松愉悦的事了。

身在职场要有个"不争心"

有很多人都认为，在职场工作中一定要表现出自己的能力，只有这样才能坐稳自己的位置，得到发展。因此，在工作中处处争强好胜，总爱把别人比下去，把自己的"超能力"表现出来。但他们没有想到，处处锋芒毕露只能引起同事的反感，同时也给自己增加了很大的压力。

争强好胜的人永远体会不到工作中的快乐，原因很简单，他们忘了保持一颗平常心，这才是快乐的秘密。职场竞争激烈，并不是你够聪明、够努力就一定能获得成功。当无法顺利实现自己目标的时候，就必然会导致同事之间的恶性竞争。殊不知，职场中的这些不正当的竞争会产生一系列的消极后果，比如逆反心理和压抑心理等。把在不良竞争中引起的怨恨表现出来，或者怒目而视，或者讽刺挖苦，不断打击他人，当事人在打击他人的同时自己又感到很疲惫，于是采用很多方法来压抑自己，把败坏的情绪深藏心底，而表面表现出很好的情绪状态，久而久之，对身体健康非常有害。

实际上，身处职场，要学会不争。所谓不争，不代表什么都不做，而是要控制自己的欲望，用自己的能力换取自己的报酬，协调好工作和生活的关系，不要成为"要职位不要生活"的工作狂。同时要切忌和同事攀比职位，攀比薪水，要在竞争中培养欣赏别人的气度，保持心理稳定，避免情绪大起大落。要知道"天外有天，人外有人"，不要只看到自身的优点，要学会用欣赏的眼光去看待别人，找出自己的不足，尽可能地弥补自己，提高自己。

人要时刻拥有快乐的心态，最害怕的不是别人为难你，而是自己难为自己。同事之间各有长短，就爱在所有的方面都要争拿第一，拿自己的弱点与别人的优点比，自然会比得没有底气，缺少自信心。这样的人又怎么会快乐起来呢？所以，身在职场，"不争心"是必备的心态，同时也是给自己减压的最好办法。

"不争心"在这个强调团队精神的现代社会尤为适用。任何HR在招聘的时候都会把沟通、协调、协作能力看成是最重要的。然而，在办公室这个说大不大、说小不小的圈子里，真正做到团结一心又谈何容易？所以，要想和同事处好关系，除了谦虚的互让，必要的"攻心术"也是必不可少的！有的时候，这些"攻心术"甚至是你工作、做人成败的关键——一切就看你怎么在同事面前步步为营、巧技暗施、克敌制胜了……

老板以为，每位员工都是一个拥有旋律的琴弦，合在一起就能演奏出美妙的音乐。而他自己，就是那个娴熟的操琴手。但是员工之间的交际却实在没办法达到那么简单。工作之余，他们之间的关系就像一张网，看起来牢不可分，却又有随时散掉的危险，甚至一阵风就可能毁掉。

[办公室的博弈论]

章舒　26岁

办公室政治就是这样一种博弈。虽然章舒不希望每天上班为了处理复杂的人际关系而耗费大量的时间和脑力，但是，这种事情往往就是你不喜欢也要面对的。

有过一次因为太天真而被排挤出公司的经验以后，到了新的公司，章舒选择主动出击。

首先，了解公司的人员组成，这样就很容易融入进去，不被排斥。

然后就要虚心地向老资格的员工请教，让他们把你当成是一个需要提携的后辈，至于在领导面前，自然就要表现得乖巧、听话。

恰当地处理好办公室里的派系争斗是非常重要的事情。尤其是对于新员工，轻易地参与任何一个派别都是很危险的事情。尽量保持一个"混沌"的态度，避开这些斗争，但是也不能因此和双方都搞得关系冷淡。因此，如何控制好这个度，需要随机应变。

当然，最重要的事情是能够和不同派系的领导多交流，以表明自己的立场，证明自己只属于自己，不参与任何人的斗争。这样的话，即便发生了什么问题，也不至于有口难辩。尤为注意，无论怎样讨厌一个同事，也没必要去陷害他，所谓防人之心不可无，害人之心不可有。一旦你想要陷害别人，你自己也就会被卷入矛盾中，毕竟工作才是你的主要目的。因此，这一点很重要。很多平时挺会相处的同事就是因为这个问题而渐渐地成为大家排斥的人，得不偿失。

[同舟共济好过同室操戈]

小周　私营企业业务员

同事间的关系对于小周来说特别简单。他们公司是一个年轻的公司，公司上下，从老总到最普通的员工，都是年轻人，老总年纪算最大了，还没有超过35岁。

年轻人思想先进，不喜欢太多的心计，因此，共同语言颇多，工作环境也相对愉快。尤其是销售部，没有一个人是超过30岁的。同事间尽管在工作上也存在竞争，但是倒也互不影响，部门的整体业绩也呈上升状态；你做得不好，到时候工资总量下降，吃亏的还是大家。

因此说,"团队合作"这个词在小周工作的销售部门里体现得最为明显,可以感觉到,有了这样轻松的人际关系的氛围,在部门里每一个人都想融进这个"关系圈"里去,希望在和同事的交流中获得支持,希望得到这个"关系圈"的承认。不管怎么说,既然是在一个团队里工作,同舟共济总要好过同室操戈吧。

除了和同事间的关系保持非常好的情况下,公司还经常会搞一些活动调动大家的积极性,增进彼此的感情。比如:一起聚餐,一起去唱歌,等等。在这些场合中,同事们会敞开各自的心扉,听到彼此的心里话,这样的交流有助于彼此的成长。因此,职场之中,我们需要一个平和的心态。工作需要团结合作地去完成,每个人只要完成自己的工作,就能使整个团队的效率得到提高。试想,这样,又何来争斗之谈,即使争斗,也是工作之中的小矛盾,那就放开心胸,做个不争的人,越是这样,越会得到大家的尊重。

把糟糕的情绪甩出办公室

任何游戏都会有规则,职场这场长期的游戏也不例外。为了维护真正的职业风范,你必须消除自己的一些致命的缺点,这样才会有助于自己的发展。

懒惰。任何人都有偷懒的时候,紧张的工作总要适度地放松,通常如果不是很离谱,主管多是睁一只眼闭一只眼也就罢了。然而偷懒上了瘾可就不是件好事,如果主管对你有了戒心,你就很难翻身了。

开会不提前到。上司会对开会最后一个到的雇员安排时间的能力持怀疑的态度。并且,后来者只会坐会场最差的位置,为什么要把自己置于这种不利的局面呢?

上班时间聊天。是不是每个清早你都和办公室里的同事们换汤不换药地互相瞎扯上周末的鸡零狗碎?这种无聊的交谈很可能使上司感到厌烦,打扰同事工作。

经常性的迟到。不管上班或开会,老是让同事苦等的人特别不受欢迎。也许你认为迟到一下没有什么大惊小怪的,那你可就错了。

工作中情绪不稳定。人都是有情绪变化的,但是如果把情绪带到工作中,领导是非常厌烦的。面对这样的情况,一定要学会管理自己的情绪,多看心灵类的小说,让自己沉静下来,才能理智地处理事情。

工作不负责任。每个人都会犯错,主管应该也能容忍体谅下属犯错，重要的是能否从错误中总结出经验教训，下次不再重蹈覆辙。不管犯了什么样的错，通常只要勇敢地承认，愿意负责，都能博得大家的谅解甚至尊敬。

对工作过分的积极。或许你会存在疑问，工作积极难道不是进取的表现吗？这个答案是肯定的。但是在工作环境中，做好分内的事情即可，过分地参与自己职责以外的事情，就会招致同事的埋怨。

懂得了职场的坏情绪，就可以将影响工作的不良情绪拒之门外。同时，我们还要保持良好的、乐观的心情，这样才更有助于我们的工作。那么，怎样才能保持良好的心情呢？

［改变不了事情就改变对待事情的态度］

在日常生活和工作中，有很多的事情是不以我们的意志而转移的。不管我们是否愿意，该发生的事情都仍会发生。

每个人都希望在工作中得到提拔、加薪、重用的机会，然而，太阳天天都从自己的头顶经过也是不现实的。

以升职为例，这次提拔没有自己的份儿，这已经是无法改变的现实，怎么办？与你同时入职的同事被提拔了，你可能会心里不平衡，他没什么能力，就会拍马屁嘛！上司真是眼力极差，不识真英雄。所以，你从此消极怠工，得过且过，该干的也不干了，业绩越来越下降，整天一脸怨气，牢骚满腹，一副怀才不遇的痛苦状。几个月之后，你就像换了一个人似的，你的上司看到你这副德性，心里想：哎呀，幸亏没有提拔他，看来这个人真是不行！你的所作所为终于给上司找到了不提拔你的理由，你用自己的切实行动证明了上司的决策是多么的英明和正确！

假如我们换一种态度，用积极的态度来对待会怎么样呢？

这次提拔没有自己的份儿，只能说明自己还有不足之处，你恳切地征求上司、同事的意见和建议，然后，给自己制订了积极的改善计划。这之后，你的心情更加的好，你的工作更积极向上了，业绩攀升，同事关系更加融洽了。有一天，上司找到你说："上次我们没有提拔你，不是因为你不优秀，实在是暂时没有合适的机会，你能够正确对待，说明你是一个可以担当大任的人才，确实令我很感动，销售部的经理提出了退下来的申请，总经理办公会议反复衡量，认为只有你才能担当这个大任，你准备一下，下个星期去新部门报到吧！"

因此，改变不了的事情，就要尽量地去适应它，因为心态变了，看事情的眼光也就变了。好运就会悄悄地来临，心情自然也会快乐起来。

[发现事物美好的方面]

世界上没有完美的方法去调和老板和员工之间的关系，关键是把自己的注意力放在哪里，是去注意优点，还是注意缺点。我们的眼睛和照相机的镜头是一样的原理，你想看什么，你就能够看到什么。

同样，情绪也是一样，看问题的积极方面，可以产生乐观的情绪；看问题的消极方面，就会产生悲观的情绪。问题是相当多的人不由自主会选择悲观，因此我们必须学会控制自己的注意力，调控自己的情绪。

发明家爱迪生曾经想从植物体发现天然橡胶的新原料，于是做了将近五万次的实验，当第五万次的实验失败之后，他的助手终于忍不住地问他："爱迪生先生，五万次的实验都已经失败了，我们什么也没有发现，我们还需要进行下去吗？""你说错了，我们是有结果的！"爱迪生纠正他说，"我们做了五万次实验，证明五万种的东西是不可行的，这就避免了以后出现错误的机会，这难道不是最珍贵的结果吗？"由此，同一件事情，只要变换角度，用积极的心态去面对，心情也会从低谷中慢慢走出来。你发现了吗？美好是世界存在的基本形式，关键在于我们要有一双善于发现美好的眼睛。同时，只要我们自己心中有佛，我们看到的都是佛；但是，如果我们心中有魔鬼，我们看到的都是魔鬼。你的心情是在天堂还是在地狱，完全由你自己决定，一点儿都怨不得别人。

[不要陷入"精英"围城]

许多人陷入了世俗成功的"精英"围城而不能自拔，总想让别人高看自己一眼，让别人觉得自己有地位、有身份、有权力、有金钱。越是在意别人的看法，越是活得太累。

西方有句谚语说：20岁时，我们在意别人对我们的想法；40岁时，我们不理会别人对我们的想法；60岁时，我们发现别人根本就没有在意我们。

可以说，得到别人赞许与肯定是每一个人的基本心理需要之一。但是，如果得到赞许的愿望达到过分的状态，太过强烈就是心灵的扭曲。

我们要用自己的实力努力地做好自己的本职工作，这样自然就会得到他人的赞赏，自然你也不必绞尽脑汁地去让别人表扬你。

不要一味地想着"赞美比工作更重要"，这种想法越长久精神就越痛苦，就越找不到快乐。

不必处处要求得到别人的认可，如果认可来临，你就坦然地接受它；如果它没有来临，你也不要过多地去想它。你的满足应该是在你的工作和你的生活本身，你的快乐是为你自己，而不是为别人。

职场中，我们要保持心情快乐。首先，发现使你快乐的东西增加它；其次，发现使你不快乐的东西减少它。假如你能做到，你将天天都是一个快乐的人！

[职场生存
要靠情商]

每个人都希望自己成为能力超强的抢手人才，实现此目标，除了要不断努力学习，还有非常重要的一点就是提高情商（EQ）和逆境智商（AQ）。可以预见，未来职场的竞争将不但是智商的竞争，也是情商的竞争，更是逆境智商的竞争。个人在社会中生存与发展，必须将自己的IQ、EQ和AQ优化组合起来。

[IQ 打铁还得自身硬]

智商是用来衡量智力的成绩标准。智力是指思维能力，一般的智力，体现在学习的能力以及对新环境做出反应的能力，抽象推理，作出论断的能力，等等。智商高的人通常业务过硬、能力很强。新的职业结构对人才的素质提出了新的要求。未来顶尖职业需要怎样的能力结构呢？

要有较强的专业技能。没有过硬的技术才能的人一定会被市场竞争淘汰。其中数字与计算能力并非是理工科才必备的，入世后绝大部分人才都应当具备，部门与部门之间的配合以及公司运作的衔接通畅都离不开数字与计算。了解并会维护各种系统，包括从计算机系统至产品销售甚至水管维修系统。

要有充足的想象力。善于想象，才有助于思维的拓展，才能搜集到广泛的资料；想象力还可以开拓思维方法及观察的视野。也就是说，想象力在某种程度上可以带动创造性和创新能力。能广泛地搜集信息和理解它们，并将之用于引导公司走向未来。

要有开阔的创新能力。这就能使公司平稳地运作，以获得长期的高额利润。并使公司从目前只能预测到下一财政报告的窘境中解脱出来。

要有很强的组织能力。在入世后，组织能力成了选择职员的重点要素。比如：设置工作流程、制定市场营销方针、统一调拨财力物力、协调分配任务等都需要高标准的组织规划能力。人的能动性要得到充分发挥，而不局限于按部就班的传统模式。组织能力是非常重要的，很多部门需要在物资供应、工作程序以及贸易往来、财政机遇等诸多方面予以组织或重新组织。

要有说服他人的能力。公司间的交往要求职员能应付越来越多的人际关系，并具有越来越高的游说能力。同时，在本来节奏快的工作环境中，内部的交流显得更加重要，虽然惜时如金，但没有交流就缺乏动力和发展的源泉。当今社会，一个有成效的工作人员应当善于向他人介绍自己所掌握的信息，说清楚自己的观念，使人能理解并支持某一特殊见解。

要有融合各个方面知识的能力。知识的融合会在无形之中提高自己的能力，从而有助于促进工作的发展，提高工作的效率。文理知识的恰当融合，就是教育理念和专业技能的有效结合，这将是职场白领最有参考价值的学习方向。

在今后的职场工作中，公司职员要既会做人又会做事。智商指挥做事，情商指挥做人。情商高的人能言善辩。求职者除了要具有高智商外，以下的几种情商运用也是必不可少的。

一是竞争合作意识。个人如果没有强烈的竞争意识则难以站稳脚跟，不过一味地强调竞争，也可能走向反面。大学生应该认识到，合作是第一位的，竞争的目的只是为了更好地合作。

二是形象意识。员工的个人形象代表了企业的整体形象，塑造良好的企业形象的最基本也最有效的方法就是开展全员公关，要求每一个员工为塑造良好的企业形象努力。

三是角色转换意识。大部分企业认为角色转换慢是影响大学生顺利就业的重要因素。现在的企业可说是"一个萝卜一个坑"，企业招聘员工进来，就是需要他迅速适应工作环境，进入良好的工作状态，为企业创造效益。若等个一年半载才进入状态，恐怕再"耐心"的企业也会对他没兴趣了。

四是高度敬业精神。当今的社会是个人才流动频繁的社会，但是，不管工作岗位怎么换，敬业精神总归是要有的。所以，大学生如果能顺应企业对敬业精神的要求，并对此有清醒的认识，也将大大增加自己顺利就业的机会。

五是学习能力。现代社会的信息发展日新月异，未来经济社会更是信息充盈。在这样的大社会发展下，企业必须开阔眼界，迅速地接受外来新事物，接纳新信息，这样才有助于企业的整体发展。

[反败为胜 AQ 必不可少]

AQ 即是 Adversity Quotient 的简写形式。逆境智商衡量的就是一个人应对挫折、逆境的能力。AQ 较低的人遇事容易方寸大乱、止步不前；而 AQ 较高的人则成为或正在成为人群中的领袖。AQ 也可以测定，并且可以通过种种方法增进。AQ 理论被视为一项"革命性的理论"。

一家制造公司的总裁被通知公司在每一笔银行贷款上都有错误，银行说他们无法偿还贷款，也无法为员工支付工资。很快，包括公司 5 名顶级销售员的团队都跳槽了，造成了巨大损失。更加糟糕的是，他年迈的父母还在用他的银行支票，他不得不坐在 71 岁的父亲身边，听银行的人仔细解释他的公司财务状况怎么会在 36 个小时内完全垮台。当他回家告诉妻子，需要几个小时在自己建立起来的事业被破坏掉之前想出解决的办法,"哦,那是你的问题,我要去滑雪了。"然后她离开了,结束了他们的婚姻。困难接踵而至,超出了他的控制能力,而且肯定会影响到他生活的各个方面。但是,他那积极向上的品格扛住了"子弹"的袭击。他打电话给私人朋友借款,并把团队成员集合起来,制定出"逃生策略",让他们能够还清债务、重建公司。多亏了这一"逃生策略",他的公司目前正在赚取空前的利润。

人遇到危难的时候通常容易后悔当初的决定,运用以下的方法可以改变你的思维状态:

一是目标扩大化。很多人都有过这样的经历,他们无法实现自己的目标,主要是因为目标定位太小,过于模糊,从而在实践的过程中失去动力。如果你的目标过小而不能刺激你继续努力,那么目标的实现就很渺茫。因此,要把目标扩大化,这样才能刺激你不断地奋发。

二是不要过于安逸。生活需要不断地挑战自我才能有所创新,没有什么是做不到的,只看你做还是不做。因此,不能过分地安逸消磨自己的意志。舒适区只应是避风港而非安乐窝。它只是你迎接下次挑战之前刻意放松自己和恢复元气的地方。

三是控制好情绪。人在高兴的时候,体内才能积聚足够的积极的力量,才能激起你奋发的欲望。因此要不断地调动自己的情绪来保持高涨,这样才能积极地投入工作。

四是给生活彩排。为假设的困境拍一场戏,尽量把解决问题的剧本写得足够详细,这样在真正面对困境的时候就不会措手不及了。生活挑战你的事情,你定可以用来挑战自己。这样,你就可以自己开辟一条成功之路。成功的真谛是:对自己越苛刻,生活对你越宽容;对自己越宽容,生活对你越苛刻。

五是要有危机意识。危机能激发我们不可想象的能力。没有危机意识,我们通常会安逸地创造一种追求舒适的生活，努力设计各种越来越轻松的生活方式，使自己生活得风平浪静。当然，我们不必坐等危机或悲剧的到来，从内心挑战自我是我们生命的源泉。

六是战胜恐惧。恐惧过后就有一种无所畏惧的重生感觉，因此，面对恐惧，不要失去理智，要努力地战胜它，你才更加强大，也才能更加自如地享受工作。

做一个职场开心果

幽默是提升办公室情绪的重要武器,也是EQ高手必备的情绪装备。只要用心撰写每天的幽默脚本,就能真正乐在其中。

[中国蟑螂只吃中餐]

周林,女,24岁,文秘

周林的上司是一个女老外,在与她相处的过程中,周林有时会看准时机幽她一默,而且总能以快乐作为结局。

某天她不小心把可乐打翻在办公室的地毯上,异常恼火,激动得手舞足蹈,让周林立即清理干净,并不停地唠叨说蟑螂部队准保会因此大规模地袭击她的办公室。周林想了想,微笑着说:"绝对不会发生这种事,因为中国蟑螂只爱吃中餐。"老板的脸色顿时放晴,露出灿烂的微笑。

但记住,跟老板幽默,要谨慎,冒犯了领导的面子,升职加薪肯定没你,情况严重的还会请你马上走人。尤其当你的老板是外国人的时候,要尽量避免开玩笑,因为在你不懂得文化差异的情况下,很容易出现错误。因此,职场幽默有正面缓和关系的优点,但同样也存在恶化关系的弊端。

[圣诞节的轻松留言]

默默，女，25岁，会计

圣诞节年会时，公司员工都要汇报总结自己一年来的境况，默默是这样总结的："这一年对我而言，进步的是失眠症及智慧；退步的是记忆力，总体收支平衡；增加的是腰围及胆固醇；减少的是头发及幽默感；附注：如果你注意到今年的笑话字体比以前有所放大，那证明本人视力正在无可挽回地退化。"默默的这一创造性的回答引来了老板及全体同事善意的笑声和热烈的掌声。

当你有机会与老板面对面对话的时候，请随时记住自己的身份。可以借幽默的形式提一些有利公司的合理化建议，也可以适时地诉苦。一定要把握分寸，不要苦大仇深，把心里的意见一股脑全倒出来。把感激和祝福的话送给老板和同事，相信大家都会被你的话语所吸引，而你一定是最出色的员工。

[对你的下属手下留情]

无论你职位或高或低，都是他人的领导。而自己的下属也总会有出错的时候，在这种情况下，如果你一味地想教训一下你的下属，让他们见识你的厉害，从而心甘情愿地服从你。

如果这种想法付诸行动，虽然让你解气、解恨，但是，走了一位"有刺"的下属，明天也许还会来一位衣着"防护甲"的下属。因此，你不可能请求下属个个让你心满意足，他们固然不能像上司一样直接选拔你，但却是给你做事的人。只要下属的工作做得出色了，你的工作才能出色。

对你的下属手下留情，在恰当的时候给予关怀和协助。就算你不能改动一个人，就算不能协助一切下属，最少让其他下属以为：你是一个还不坏的上司。

[观赏你上司的可爱]

实际上职场人最不喜欢的人不是同事，而是上司。原因是上司并不是用来观赏的，通常是用来烦你的。上司的一切行为，并不全是你认同的、称心的，以至是你轻视的、厌恶的。但是，上司毕竟是你的上司，不能改动。逃避、忍受，以至对立，结果常常是有百害而无一利。

假如换个角度，用观赏的目光去看上司，上司在你眼中的形象也许就变得可爱，你的心情也会好起来。如果你眼中的上司是块"丑石"，假如从侧面观赏，上司也许像假山一样耐看；如果你眼中的上司是个"纸老虎"，那么认真想一下："纸老虎"要是变成真老虎，那么你的情况或许会更惨吧？

善于欣赏上司的优点，这样你不仅会学到很多东西，还会使自己的工作非常的快乐。原因是不存在心理压力，工作起来就会得心应手。

[赞誉你的同事]

同事是工作中接触最多的人。因此，同事在一起其乐融融，像家一样的氛围，是多么愉悦的一件事。但是，同事不像朋友，在日常工作中，能多一份担待，能接受屡次误解。假如搞不好同事关系，同事变成"敌人"的可能性大过做朋友的可能性。

同事之间害怕纠缠。没完没了的纠缠，害人害己。这就要求职场人掌握这种关系的"温度"。而最好的"温度"就是多赞美你的同事，让他感觉到你的尊敬，慢慢地他也会这样对你的。

学会赞美你的同事，会让你的工作没有阻滞和牵绊，会让你的办公室关系更加的融洽与快乐！

[做好自己的本职工作]

办公室生存的最重要的规律还是做好自己的本职工作，这是因为办公室一切的人际关系，都是在工作的根底上产生的。工作做不好，坏事自然来到。

协调好办公室的人际关系，仅仅是在办公室生存的重要手腕，而不是决议性的事情。做好工作才是让各方面关系为你效劳的动力和资本，因为只要你的工作锦上添花，你的上司才会称心；只要你的工作做到位，你的下属才会敬仰你；只要你的工作无可挑剔，同事才会支持你。因此，做好本职工作，才是你升职加薪的根底，是你在办公室开心愉悦的基本！

总之，想做职场的开心果，开心和每一个人相处，自己才能得到真正的快乐。因此，不管你的职位高低，先把快乐放在第一。

职场巧学"道歉"技巧

大多数人都曾受到这样的忠告：要善于承认自己的错误，勇于道歉，才能尽快地化解矛盾；不管采取怎样的道歉方式，只要真诚就会得到谅解。但是在商业社会，职场内外，道歉就不像朋友之间，简单的一句抱歉就可以化解，职场道歉要有自己的门道。道歉如果得当，对挽救个人利益，维护人际关系都有很好的促进关系；相反，道歉如果不恰当，就会使自己的合作伙伴反目成仇，为自己的工作和生活带来很大的负面效应。

在公司会议上，副总裁对高级总裁提出了自己的反对意见，而且不顾他人的感受，很固执地坚持自己的意见。这引起高级总裁的强烈不满。这位高级总裁于是当着团队其他人的面对副总裁进行了攻击，直言不讳地讽刺，甚至斥责他的智商，并且怀疑他对公司的衷心，在公司遇到困难的时候做出这样的决定。当团队的其他员工对高级总裁进行劝谏的时候，固执的总裁依然岿然不动，并没有改变自己意见的态度，说什么："我不能因为副总裁不高兴，就不发表我的意见吧，而且我说的是事实，作为公司的领导，没做好工作，应该有承受批评的能力。"结果，两人的关系更加恶化了。

当一个人因为冒犯他人，并担心道歉会失去颜面时，往往会这样避重就轻、闪烁其辞。实际上，道歉并不表示你的软弱，也不等于你就退缩了。相反，道歉是挽救名誉的一剂特效药。

道歉的重要性体现在两个方面：首先，它可以弥补双方的关系。当双方的关系因其中一方的冒犯而产生裂痕时,道歉可以弥合这种裂痕。其次,道歉还可以挽回冒犯者的威信。但凡发生冒犯的事情,总会有人对冒犯者产生担忧和疑虑,甚至会怀疑他的人品。而有效的道歉会使人们相信冒犯者已经意识到这是一种无礼行为,它不太可能再发生了。

但是,公司和个人经常会错失道歉所能带来的种种好处。

NSTAR是一家公共事业公司。他们犯过一次很重要的错误,就是在没有得到客户允许的情况下,把多家用电客户的服务级别改为"默认"级,这样客户就必须多付出很多的费用。当客户发现之后,面对如此重大的错误,该公司只是轻描淡写地说:"如有不便,仅表歉意。"

面对这样不诚恳的歉意,客户自然不会买单,可想而知的结果就是,NSTAR的信誉扫地,在客户心目中的地位也直线下降。

解怨释嫌、修好关系不光对个人是件理所当然之事,对公司、企业也是非常有意义的。可为什么有那么多的人、那么多的机构在这方面栽了跟头呢?

首先,大多数人觉得犯了错误是件令人尴尬的事情,而一旦身处窘境,人们会否认事实并且尽量大事化小。NSTAR公司便是如此。另一种情况是,冒犯者会尽量把责任推到受害者身上,就像两位总裁的战争,在那样的情况下即便是道歉,对方也很难接受,因为道歉一方所表现出的尴尬或愤怒已经使这种道歉变了味儿、走了形了。这可能会造成不堪收拾的后果。信誉一旦丧失,挽回可就难了。

那么,怎么才能做好道歉呢?

道歉三要素,承认错误、表示后悔、承担责任。懂得这三个要素的道歉就是一个成功的道歉,但是也不能完全肯定,因为道歉者的真诚度也是个重要的决定因素,情况不同结果也就不同。

在我们无法区分认错、悔恨和承担责任的差异时,我们经常会不知所措，觉得本应该不难做出的道歉，做时却感到如此痛苦而艰难。事实上，事情本不该如此。例如，在面对某一项过错时，即使责任并不在你，你也可以在另一方愤怒或吃惊时承认错误，或对所发生的冒犯表示悔恨，从而免遭他人指责。以下是道歉时应遵循的五大原则：

用词把握准确，切忌挑衅。道歉如果诚恳，对方也会感受到。一般情况下，受害者希望看到的是你承认错误的态度，并且诚恳地告诉他这种情况再也不会发生了，这才是最重要的。不要为无关紧要的小事情道歉。实际上，如果需要道歉的事情小到足以忽略，这样就不用再刻意的道歉，以免使情景更加的尴尬，把问题弄得更加复杂化。对被道歉的一方也是一头雾水，甚至由此对你产生不好的印象也是极有可能的。

选择合适的道歉方式。面对错误的性质，要看选择什么样的角色进行道歉，如果你对要做道歉的对象很气愤，可能从相应的工作或职位角度去设计怎样进行道歉会更容易一些。相反，如果是关系较好的同事之间道歉，那不妨就站在个人的角度，这样会使彼此感觉很亲近，道歉也容易成功。

比如：如果那位高级总裁要跟副总裁道歉，他不可能从个人角度做出诚恳的道歉，但他可以从高级管理者对下级同事的角度向他道歉。他可以说："我们俩都是在为一家优秀的公司工作。作为你的同事，我应该拥有包容的态度，不应该对于你的不同观点有过激的言行。对不起。"像这样的道歉，即使是双方怒气未消，也多半会产生很好的效果。

在其他场合，以个人的身份道歉做起来会很容易。例如，有人会觉得赔礼道歉有失面子。对于这些人来说，以个人名义进行道歉会使自己显得心胸宽广，同时又可以维护彼此的身份。例如，可以这样说："我不能赞同你所持的立场，但我很欣赏你这个人，而且非常希望我们在一起工作时一切顺利。对不起，那天我说话太过激了。"

要选择容易一些的方式进行道歉。这样，就不会使所做的道歉成为无用功。不要总想着如何表达悔恨情绪，而是要把悔恨告诉他人，让别人感受到这份歉意才是最主要的。一定要注意，沟通交流是双方之间的事情，不要过分在意自己的想法，要把精力放在你道歉的对象身上。这样你就不会显得好像在为自己辩护，而你做的道歉也就更容易被接受了。

要记住，"我想道歉"不是真正的道歉，要有实际行动，要做出明确无误、直截了当的道歉。不要遮遮掩掩、拐弯抹角或搬出陈词滥调。

对于道歉能否被接受可能是不能控制的事情，但是道歉能否做得好，你是可以完全控制的。要下最大工夫去控制你所能掌握的。这样，你就更有可能为所做的道歉释怀，而不是为必须要道歉而内心不安。

谦虚的态度将让你中头彩

职场上最痛恨的就是那些飞扬跋扈、锋芒毕露，不把任何人放在眼里的"狂人"！那些自以为是的人，只会频繁栽跟头。而懂得隐忍锋芒、懂得谦虚的人，深受大家的喜欢。谦虚是一种修养，是人际交往的一项基本原则，它不仅让你在职场获得更好的人缘，而且会有意想不到的惊喜。

谦虚的态度，是成大事者必备的素质之一。谦虚是为人处世的根本，是待人接物的前提。只有谦虚才能体现你的品德，才能让人对你产生友好和敬意，才能使你获得谅解和支持。一个谦虚的人最能与他人相处，最能制造出融洽的人际关系。任何一个事业有成就的人，都有一个良好的人际关系，这得益于他谦虚的态度。

富兰克林是美国建国之初的著名政治家和科学家，被称为美国人之父。他年轻的时候曾去造访一位德高望重的老前辈。老前辈住的地方是一所低矮的房子。那时候的富兰克林还年轻气盛，做什么事情都不够低调。他那天去赴约的时候，昂首挺胸、旁若无人地大步跨了进去，一进门，他的头就狠狠地撞在门框上，疼得他一边不住地用手揉搓，一边看着比他的身子矮去一大截的门。老前辈见状大笑。富兰克林很不解，自己被撞痛了老前辈怎么还笑！老前辈解释道："这将是你今天访问我的最大收成。一个人要想平安无事地活在世上，就必须时刻记住：该低头时就低头。这也是我要教你的事情。"富兰克林恍然大悟，又羞愧，又感激。他明白了：一个人要想洞明世事，练达人情，就必须时刻注意把自己的头低下来。

把头低下，是要我们不要目中无人，不要自命清高、自以为是。把头放低，是说我们不要把自己看得太高，而把别人看得太低。要学会尊重别人，这才能尊重自己。

齐国宰相晏子身材不高，其貌不扬，看起来没有什么突出的地方。但是他的车夫却身高八尺，相貌堂堂。这个车夫为宰相驾车，一方面感到自豪，自己的身份都随着宰相的马车而高贵了许多。另一方面，他也有优越感，宰相不好看，自己却相貌堂堂，一表人才。所以，这个车夫在驾车时，总是趾高气扬，他赶着四匹马拉着的宰相车驾，显得洋洋得意，目中无人。

有一天，车夫的妻子在自家门前看到丈夫驾车，她看到了一个骄傲自满、洋洋得意的车夫和一个满脸卑谦、低头沉思的士大夫。车夫回到家之后，妻子说要离他而去。车夫不明白为什么。妻子说："晏子身长不到六尺，身为齐国的宰相，名扬诸侯。但我看到他外出，形态谦和，常有自居人下的样子。而你身长八尺，竟替人当车夫，可是看你的形态，却自以为满足，我因此要离你而去。"

车夫听了妻子的一席话，顿时羞愧难当。他对妻子发誓自己要痛改前非。之后，车夫的态度就变得谦和起来。晏子察觉到车夫对人的态度改变以后，就问其原因，车夫把妻子的话如实说出，晏子就推荐这个车夫做了大夫。

美国总统华盛顿曾说过："不要让骄傲和虚荣心占据你的心，否则你将一事无成，浪费时日。"骄傲和虚荣，是处世的大忌。天外有天，人外有人。不要把自己看得太高，比我们有才华有能力的人多得很。但是处处炫耀自己的人，即使才华横溢，也会被人耻笑。职场中，人才济济，我们身边藏龙卧虎，千万不要以为自己的学历高，或者能力强，或者经验丰富，而藐视其他人。

大鹏鸟身上有好多羽毛。其中在翅膀上有一支羽毛绚丽耀眼，在众多羽毛中，它显得非常与众不同，异常醒目。

它每时每刻都在发光，特别是当大鹏鸟在天空中翱翔的时候，它显得格外光彩夺目。其他羽毛都非常羡慕它，很希望自己也能跟它一样。这根羽毛也常常为自己的与众不同而洋洋得意，经常在其他羽毛面前摆出一副不可一世的样子。

有一天，这根羽毛骄傲地对其他羽毛说："大鹏鸟展翅飞翔时看起来如此壮观伟岸，还不都是因为有我参与。"其他羽毛点头称是。

又一天，这根羽毛骄傲地对其他羽毛说："我的贡献最大了，没有我的话，大鹏鸟哪里能够一飞冲天呢！"其他羽毛有称是的，也有沉默的。

渐渐地，这根漂亮的羽毛陷在了自负的泥潭里。

终于有一天，它想到一点：如果没有我，大鹏鸟肯定不能一飞冲天！而我离开了大鹏鸟一样光彩夺目。于是，它在众多羽毛面前宣布："我觉得大鹏鸟已经成为我人生沉重的负担，要不是大鹏鸟硕大无比的躯体重重地压着我，我一定可以自由自在地飞翔，而且会飞得更远更高。"

大家都不再言语，不知道漂亮羽毛到底要做什么。只见它拼命挣脱，不久，它终于从大鹏鸟的翅膀上掉落下来。漂亮羽毛跟其他羽毛挥手道别。众多羽毛惊奇地发现，漂亮羽毛飘在空中也没有什么特别的地方。而不一会儿，漂亮羽毛开始下落，慢慢地落到了泥泞的地上。

地球离开了谁都照样转，但是没有哪个人离开了地球还能自由自在地呼吸（高科技除外）。也许你真的有过人的才华，但是如果像那根羽毛一样藐视一切，狂妄自大，只会自食其果。职场中，翘着尾巴高高在上的人，即使他满身光环，也不会得到其他同事的认可。在他目中无人、狂妄自大的时候，他的工作就慢慢失去了其他人的支持，终将一败涂地。谦虚是一种美德，在同事面前谦虚一点，并不会贬低自己的身份；相反，谦虚更能显出你的人品。一个既有才华，又态度谦虚的人，他的身边一定有很多支持者，他闪耀的人格魅力将会为他带来好人缘，为他建立一个牢固的人际关系网。

有一个博士分到一家研究所里，成了这个所里学历最高的一个人。他又年轻，学历又高，在他眼中那些年龄大的同事都是老学究，除了工龄长，没有其他优势。所以，他处处都表现出高人一等的样子。

博士并不是百事通，也会遇到一些难题，他宁愿打电话去请教他上学时候的专家教授，也不会低下头去咨询那些同事。当同事们一起探讨一些学术问题的时候，他就一个人远远地做自己的事情。在研究所里，年轻气盛的博士并不是很受欢迎。

且说这一天下午，博士到单位后面的小池塘去钓鱼，正好正、副所长也在他身边不远处，两人边钓鱼，边聊天，热火得很，时不时还摆出严肃的样子。博士想："听说他俩也就是本科生学历，有啥好聊的呢？"他并没有跟两位所长讲话，只是微微点点头。两位所长也不太在意，笑了笑继续聊他们的。

不一会儿，正所长放下钓竿，伸伸懒腰，蹭蹭蹭从水面上如飞似地跑到对面上厕所去了。

博士大惊："正所长会水上漂功夫？！"他以为自己看错了，一会儿，正所长上完厕所，又蹭蹭蹭地从水上漂回来了。博士再次揉揉眼睛，发现正所长只不过是脚湿了一点点而已。

这个时候，副所长也内急，用同样的方式蹭蹭蹭又漂过去了。

博士又惊又喜："难道这真是一个江湖高手云集的地方？"他很想过去问问两位所长，但是又不好意思，自己刚才都没有跟人家讲话。

过了一会儿，博士也内急了。他看两边有围墙，要到对面厕所非得绕十分钟的路，而回单位上又太远，怎么办？碍于面子，这个时候他打死也不会去问两位所长的。但他实在憋不住了，说不定是这水的问题，既然他们本科生学历的都能水上漂，我博士生不可能过不去！

于是，他便付诸了行动，却"扑通"一声栽到了水里。

两位所长大惊，赶紧把他捞上来，问他怎么回事。博士说："你们的水上漂是怎么练成的？"

两位所长愣了一下，随即哈哈大笑。正所长拍着博士的肩膀说："年轻人啊，我们哪里会这么时髦的功夫！这池塘里有两排木桩子，由于这两天下雨涨水，桩子正好在水面下。我们都知道这木桩的位置，所以可以踩着桩子过去。你要上厕所，怎么也不问我们一下呢？"

博士生顿时羞红了脸。

我们身边有多少个像这位博士生一样的同事，他们认为自己是最权威的、能力最强的，如果向别人询问就显得自己身份地位降低。这样的人，谁都不会欢迎他！老子曾经告诫世人："不自见，故明；不自是，故彰；不自伐，故有功；不自矜，故长。"这句话是说，一个人不自我表现，反而显得与众不同；一个不自以为是的人，会超出众人；一个不自夸的人，会赢得成功；一个不自负的人，会不断进步。谦虚，能让我们把自己置于学习的地位，虚怀若谷，我们才能不断进步，成为一个真正的强者。

我们提倡谦虚，但过分的谦虚就不是什么好事。谦虚大了等于自卑，谦虚过了等于虚伪。谦虚，还是有一个"度"的问题。比如，有些人明明很有能力，却从来不去表现，这是自卑。有些人能力很强，但是遇到事情总说自己不行，从而推脱工作，这是虚伪。这两种谦虚在职场，不仅不会让你赢得好人缘，前者还会让你失去很多锻炼自己的机会，在工作这个展现才华的舞台上，你就很难成功；后者则会让同事和上司对你产生失望，不再让你做重要的工作，你也逐渐丧失了事业成功的主动权。

骁勇毕业于上海某名牌大学，学的是工业自动化专业。毕业后，他去了深圳找工作。后来,他去应聘一家美资企业的动力设备部经理助理。他对这份工作很有信心,觉得自己肯定能胜任。但是又想到当初毕业前师哥师姐们说的,刚毕业的大学生出来一定要谦虚。他便时刻告诫自己要谦虚。

面试的时候,公司考官问他:"你觉得你能胜任你应聘的职位吗?"

骁勇很想说"能",但是想到要谦虚,他便回答:"现在我还谈不上能胜任,但我可以多向领导请教,向同事学习,在实践中边干边学,积累经验。"考官点点头。

之后,考官带他到生产车间实地参观,由于刚从学校出来的骁勇从来没有进过这样的车间,他立马表示惊讶:"哇,这么先进的设备,我还从没有见过呢,如果我能应聘上,一定好好学习,钻研这些先进设备和技术,希望公司能给我一个学习的机会。"骁勇说这些谦虚话,其实还暗含着赞美对方。

面试结束,考官当场给他亮了红灯。骁勇很失望,却并没有问原因。考官见此,主动对他说:"你知道你失败的原因吗?我们招聘的是能胜任本职位工作的人才,要能立即派上用场,而不是招收培训生。你要建立自信!希望你会得到更好的工作!"

谦虚一定要有度,否则对方会认为你没自信。一个缺乏自信的人,企业不会任用。首先我们要明白,谦虚不等于自卑。谦虚过度往往就变成了自卑,而自卑的人在工作当中是很难得到领导欣赏的。另外,谦虚要注意分寸,谦虚过一分就变成了懦弱,而少一分就变成了狂妄和轻浮。把握分寸,将使营销人游刃有余。谦虚也要分清对象。对于谦虚的上司或领导,适当的谦虚,可以增加与上司的共鸣,让领导产生好感。而对于自信而张扬的上司或领导,适度的"王婆卖瓜"则可以深得领导的信任,从而更容易获得晋升机会。

人际关系是两个当事者期待相互满足的一个相互的关系,是一种双向的、互惠的、积极主动的交往关系,它是用一种对等的人格作为基础的。然而过分的谦虚就是一种自卑的表现，会让人感觉你没有人格。没有人会愿意跟这样的人打交道。

因此，该谦虚的时候一定要谦虚，需要你出面解决问题的时候，也不要退缩；只有这样，你的周围才会自然地聚集很多喜欢你、欣赏你的朋友。

职场上君子之交要淡如水

人与人之间的距离，也是一门学问。办公室中，我们面对的不是我们的家人，也不是互不相识的陌生人，而是我们的工作伙伴。像对待亲人一样，过于亲热，会引起一些棘手问题；像对待陌生人一样，隔得远远的，会被认为太冷漠。如何把握与同事之间的距离呢？古人云："君子之交淡如水。"这个"淡如水"才是最适当的安全距离。保持安全距离，是处理办公室人际关系的法宝。

美国一个精神分析医师曾对同事间的交往打过一个精彩的比喻：两只刺猬在寒冷的季节互相接近以便取得温暖，可是过于接近彼此会刺痛对方，离得太远又无法达到取暖的目的，因此它们总是保持着若即若离的距离，既不会刺痛对方，又可以相互取暖。

在职场中，同事之间避免不了利益上的摩擦，而每个人都有自己的隐私，过于亲密的距离，当利益冲突产生时，自然会刺痛彼此。这样的环境中，只有保持这种刺猬式的交往，才能建立职场"友谊"。

首先，我们明白，多一个朋友多一条路，多一个敌人多一堵墙。职场上更是如此。

每个人来公司上班均是为了生存，大家同在一个屋檐下，为了一个共同的目标，感受同一种压力，这种伙伴关系就是一种缘分，要学会珍惜。再者，办公室就是一个团队，工作中谁也少不了谁，每个人的利益都受到其他人的制约，友好的关系让工作更有效率。不要把某个同事当作威胁你的目标，甚至当你们共同面临升职竞争时，他也不是你的敌人。如果你们心里把彼此视为敌人，行动上表现出对对方的排挤，如讽刺挖苦、打小报告陷害等，你们只能是两败俱伤。大多数明眼的上司都不欢迎这种员工。与其这样，还不如依然做朋友，相互切磋，不管最终谁得到了那个职位，你们依然是朋友，而且在以后的工作中合作起来更愉快——另外一个人在公司的前途，自然不会太差。另外，即使别人把你当作敌对目标，也没必要针锋相对，以包容的心态对待，当你微笑面对同事的刁难时，那不是你懦弱，而是你的修养。一个有修养的人，会赢得更多人的认可。因此，滑润的人际关系，能帮助你在办公室中如鱼得水。

经典日剧《东京爱情故事》里，男主人公永尾完治来自一个小镇，初次到东京做事，进入这家大公司之后，他担心自己很多方面应付不了，便一味的谨小慎微，对同事礼貌有加。他工作上，踏实刻苦，勤奋主动。但是他过于谨慎，无形中在自己与同事之间树立起一堵墙，每次工作上遇到困难，他都没有勇气去向同事求助。除了对他有好感的莉香以外，完治在同事的眼中是冷漠、孤傲的。这样的人际关系，自然影响了他的工作。

其次，办公室里有朋友，但是很难有知己。

人们经常感叹"人生难得一知己"。所谓知己，是指两个人毫不保留自己的心事，甚至将隐私也袒露给对方。寻求知己，在情绪低落的时候获得安慰，在有困难的时候获得帮助，是人的一种正常的心理需求。生活中，每个人都会遇到这样那样的麻烦，都会有苦闷的时候，大多数人会找自己最亲密的朋友，也就是知己，倾诉一番。不管知己是否帮助我们解决了问题，但是倾诉已经让我们感到轻松很多。女性都找从小一起长大或读书时认识的闺密，两人或挤在一张床上彻夜长谈，或在咖啡厅里互相诉说。男性也找自己曾经同甘共苦的哥们，一起喝酒吹牛。不管是闺密还是哥们，绝大多数都不是自己的同事。

有些患有孤独症、自闭症的人，他们之所以不对别人倾诉，原因就在于他们害怕对方掌握自己的隐私。他们认为，从某种意义上说，让别人掌握了隐私，就等于会被别人控制住，从而受对方牵制，不自觉地依附于对方。虽然这种说法太绝对，但是在人际交往中，我们应该明白，在生活中，没有什么大的利益冲突，这种潜在的危险往往表现不出来。所以，我们的知己跟自己没有什么利益冲突。但是职场是一个充满了激烈竞争的地方，人人都追求最大物质利益，如果暴露了隐私，就会成为对方的把柄，在顾及不到你的时候，对方就会舍你而取他了。

所以，当你的生活出现个人危机，如失恋、婚变之类，最好不要在办公室里随便找人倾诉；当你的工作出现危机，如工作上不顺利，对老板、同事有意见有看法，你更不应该在办公室里向人袒露。同事之间，只要互相关心身体，谈一些工作上的事，做普通朋友就好。同事情绪低落的时候，你给予安慰；同事生病的时候，你端上一杯热水，并真诚地问候；同事工作上有困难的时候，你力所能及地给予帮助。

刘鹏家境贫困，读大学的费用都是家里借的。上学期间，为了维持生活，他周末去做家教，还去超市做促销员。虽然很累，但是也锻炼了刘鹏各方面的能力。

毕业后，刘鹏应聘到了一家房地产公司做业务代表。刚从大学出来，刘鹏在公司里感觉到自己的渺小，同时感觉到自己与其他业务熟练的同事格格不入。这个时候，刘鹏认识了赵安，还发现赵安与自己是一个市的老乡。赵安家境富裕，父亲是老家市里的干部，但是他从不向刘鹏炫耀自己拥有的东西。有一次公司加班，刘鹏回家没有了公交车，赵安特意送他回家。

刘鹏庆幸自己刚上班就遇到这样投缘的朋友，便把赵安当作了知己。本身能力很强的刘鹏，心灵上有了赵安的陪伴，业绩直线上升，引起了公司老板的注意。公司便开始暗暗地提拔刘鹏。这些都是赵安告诉他的，赵安说："真为你感到高兴啊！很少有你这样刚进公司的大学生受到这样的重视。"

不过，即使公司这样培养他，刘鹏微薄的工资还是难以维持他的生活。城市里消费水平高，光在郊区住的那个小房子，每个月就花费他半个月的工资。为了生活，他不得已在周末去做兼职，给大学同学开的一家小公司管理财务。这一切，刘鹏都告诉了赵安。赵安见他住的地方离公司很远，每次上下班非常不方便，便让刘鹏搬进了自己租住的公寓里。

半年之后，刘鹏和赵安的关系一直很好。这个时候，公司下达了一个任用文件，打算提拔一名业务代表做业务主管。刘鹏是新秀，潜力很大。而赵安工龄稍长，业绩突出。业务部里就有人说，这次的主管不是刘鹏就是赵安。

任用命令下来了之后，主管是赵安。虽然胜出的是自己的好朋友，但是刘鹏还是有点失落。他很希望得到那个职位，好好发挥自己的才能。赵安见此，拍着刘鹏的肩膀说："你比我工作用心，业绩又好，这职位应该是你的才对。不过，以后还是有机会的！"

事后有一天，刘鹏听到一个同事说，在任用命令下来之前，赵安私底下找过领导。刘鹏本身认为他的落选可能是因为工龄太短的缘故，但听同事这样说，他心里不禁有点怀疑。公司不是一直有意栽培自己吗？为什么突然这么大的转弯？

带着疑问，刘鹏敲响了领导办公室的门。领导微微一笑："主管这个位子非常忙，我们担心你忙不过来。"

刘鹏说："不会啊，忙点才有挑战性。"

领导沉默了一会说："那家小公司怎么办，谁给管理财务？"

刘鹏刚开始还感到莫名其妙，后来看领导高深莫测的笑容，突然明白了：自己在同学公司做兼职的事情只有赵安一个人知道……

他瞬间心冷了，但是他还想争取，便开始辩解："我兼职是有原因的，这并没有影响我在公司的工作——"

领导摆摆手，叫他出去了。

职场上很难有知己，在利益的面前，知己有时也会与自己敌对起来。尤其是掌握了你不能暴露的隐私之后，在他面前你就很难翻身了。

君子之交淡如水，是要求我们在办公室里与同事保持适当的距离，把握交往的尺度，不仅不产生"追尾"这样的现象，而且还能与同事打成一片，创造和谐的工作氛围。

第四章

喜欢，
才能真正享受

企业偏爱对工作抱有极大热情的员工。对工作的热情来源于他们对工作的喜爱，他们喜欢自己的工作，就表明他们能在工作中找到快乐。那么，工作就不是枯燥的、乏味的，而是一种享受。如何喜欢上自己的工作呢？根据自己的兴趣择业，则是最理想的职业。但如果选择的不是自己的兴趣，那么干一行爱一行，带着激情去工作。

工作结合兴趣，乃天作之合

真正的成功者是快乐的，这种快乐不仅仅来自事业上的成就感和满足感，更来自于对自己事业的兴趣。做自己感兴趣的工作，能充分调动工作的积极性，在快乐中发挥潜能。如果工作与兴趣结合在一起，我们应该感到庆幸。在兴趣的指导和指引下，我们更轻松、更快速向事业高峰进军。

如同谈恋爱一样，当你喜欢对方的时候，便为对方做任何事，全身心地投入，且乐此不疲。即使在你认识的人当中，这个人并不是最漂亮或最帅气，不是最体贴或者最温柔，不是最优，但是跟对方在一起，你能感觉到快乐。当我们选择的这份工作是出自于兴趣，我们便为工作付出全身心的努力，这份工作薪水不一定多么优厚，工作环境不一定多么优雅，工作也不一定很轻松，但是我们却在这份工作中感觉到快乐。我们时刻会充满激情地想着怎么去将自己的一切献给这个工作。这样的情绪之下，想不快乐都不可能。在快乐中勤奋，在快乐中创新。

兴趣对于一个人的职业生涯有着非常重要的作用。美国一个中学曾经给学生出过这样一个题目：比尔·盖茨的办公桌上有5只带锁的抽屉，分别贴着财富、兴趣、幸福、荣誉、成功5个标签；盖茨总是只带一把钥匙，而把其他4把锁在抽屉里，请问盖茨带的是哪一把钥匙？其他4把锁在哪一只或哪几只抽屉里？学生们的答案不用关注，我们来看比尔·盖茨给该校的回函：

在你最感兴趣的事物上，隐藏着你人生的秘密。

当我们对数学世界的奥妙充满好奇和兴趣的时候，那么数学领域将隐藏着你人生成功的秘诀。兴趣是你最好的导师，做你感兴趣的事、想做的事，你才更有可能成功；做你想成为的人，你才可能享受到人生的美好。在这个喧嚣浮躁的社会，什么才是你最想追求的？不一定是金钱，不一定是权力，或许只是内心小小的宁静。而今，很多人择业的时候，往往把薪水、工作环境等当作衡量工作满意度的标准之一。但是这些标准不一定让我们感到轻松快乐，只有轻松快乐的工作，才能让我们更大程度发挥自己的潜能，哪怕是一个清贫的工作，也会让我们发光发热，找到自己的人生价值。

所谓兴趣，是指一个人力求认识某种事物或爱好某种活动的心理倾向，这种心理倾向是和一定的情感联系着的。"我喜欢做什么？""我擅长做什么？"一个人如果能根据自己的爱好去选择事业的目标，他的主动性将会得到充分发挥。即使十分疲倦和辛劳，也总是兴致勃勃、心情愉快；即使困难重重，也绝不会灰心丧气，而能想尽办法，百折不挠地去克服它，甚至废寝忘食，如醉如痴。

罗素说过，他的人生目标就是使"我之所爱为我天职"。也就是说，他要把生活中最感兴趣的事作为其终身职业。兴趣就是我们茫茫人生路上的指明灯，只有有十足的兴趣，才能找到自己前进的动力和方向。那么如何才能知道自己的兴趣所在呢？这需要我们平时多去观察生活，体验生活，了解自己，认识自己，不断地了解自己能干什么，不能干什么。在认识自己的前提下，做好职业规划。

日本著名作家渡边淳一，儿时喜欢文学，却阴差阳错进入了医科大学学医。他刚开始非常苦闷，为自己没有选择文学而感到遗憾。后来，他也就慢慢习惯了，在医科大学成绩也不错。毕业后，渡边淳一获得了博士学位，并且进入一家医院担任整形外科大夫。他安慰自己，还是先做医生吧，这个工作收入稳定，也不是多么讨厌。

上班之后，他尽职尽责。然而，几年之后，他依然无法对医生这个职业产生多大的兴趣，而对自己的文学梦想却与日俱增。这个时候，他已经29岁了，工作已经非常稳定，收入也不低。进行到一半的医生职业，他到底该继续呢？还是放弃行医，重新拾起笔头完成少时未竟的梦想？渡边淳一不知道该如何做抉择。他毕竟已经是快30岁的人了啊，人生稍瞬即逝……他陷入了深深的迷惘之中，工作的时候也无法进入状态。

于是，他打算求助。渡边淳一仰慕一位老奶奶画家，就是那位闻名全球的风俗画画家摩西奶奶。这位摩西奶奶当初只是美国弗吉尼亚州的一位普通的农妇，一直到了75岁，她还在自己的农场里默默无闻地干着农活。这个年龄阶段，谁会想到自己的人生还会有什么大的变化呢？就在她76岁时，关节炎开始加重，她不得不放弃农活。在她百无聊赖之际，她想起了少时的梦想，那个时候，年轻的她多么希望自己成为一名画家，但是在烦琐的生活中这个梦想渐渐尘封了。而今，她终于从农场解放了双手，画画的欲望日益剧增。她拿起了画笔，开始练习画画。终于，在她80岁时，她到纽约举办画展，引起了轰动。从此，她的作品逐渐在美国及欧洲畅销，风靡全世界。

渡边淳一非常佩服摩西奶奶那种追求兴趣的豪放和魄力，他便给当时已经100岁的摩西奶奶写了一封信，信中诉说了自己的苦闷，表达了对文学极大的兴趣和热忱。摩西奶奶给他回信了，信中，她这样说道：做你喜欢做的事，上帝会高兴地帮你打开成功的门，哪怕你现在已经80岁了。

摩西奶奶77岁才开始做自己喜欢做的事情，而自己现在才29岁，为何要强迫自己做不喜欢的工作，掩埋自己的兴趣呢？渡边淳一终于明确了自己的方向，他毅然放弃医生工作，开始了自己的文学创作。勤奋遨游在文学领域的渡边淳一没有让自己失望，短短时间便在文坛初露端倪，他创作出《失落园》

《遥远的落日》《为何不分手》等五十余部长篇小说，在日本及世界文坛引起了巨大反响，他也被媒体誉为日本现代情爱文学的大师。

工作并不单单是谋生的手段，更大程度上，工作是实现人生价值的舞台和途径。如果纯粹为了金钱获得满足而从事自己并不喜欢的工作，在工作中戴着一副假面具，连微笑都不是发自内心的，这样的工作不是让我们享受，而是如同监牢。这样的人生还有什么趣味可言！因此，选择职业的时候，就要从自己的兴趣出发。如果工作一段时间后才发现自己的兴趣所在，那么重新评估一下自己的机会与成本：是否愿意耗费一生去从事一项自己并不喜欢的工作，目的只是为了得到金钱的富有和生活的安定？当然，因人而异，我们总的原则是，要在快乐中工作，要在工作中获得享受。

吴英是一个来自农村的大学生，上学期间经济十分窘迫。跟老家的父母想法一样，她认为读书出来就是为了赚钱。因此，毕业找工作，她没有什么特别的想法，反正只要工资高，她就能做。

然而，找一个工资高的工作也不是容易的。没有工作经验，也不是名牌大学毕业，吴英只好在一个私企里做办公室文秘。她读的是市场营销专业，跟文秘工作关系并不大。文秘工作很轻松，却非常烦琐，工资也不是很高。干了半年，吴英就产生了跳槽的想法。那段时间，听同学说保健品很火，她便应聘到一家保健品公司去当推销员。这与她的专业也是相符合的，保健品利润也很高，她本打算好好干下去，谁知道没干多久，保健品就不行了。她只好另谋出路。

这时有个朋友拉她去一家营销策划公司，工资还不错。她想到不能在保健品行业混下去了，没有提成，连吃饭都会成问题。她便辞职到这家营销策划公司上班了。工资确实比以前多，工作也不是很累。

三年后的端午节，吴英应邀参加大学同学聚会。聚会上有一个同学特突出，从原先上学时期的"土包子"摇身一变，成了一家贸易公司的老板。他从浙江倒腾一批热门小商品来北京卖，短短几年，居然发展的很不错。公司正处在上升阶段，很需要帮手。吴英一听，正合她意，便毫不犹豫地加盟了同学的贸易公司。半年以后，公司生意转淡，她在公司看不到"钱"景了，便离开公司去做广告……

物质生活可能随着自己所换工作而有所改善，但是始终找不到自己的兴趣所在，在好几个行业只做了一点点皮毛而已。以金钱来引导自己的职业方向，不是为了做事业，仅仅是为了谋生。

对于兴趣与各种职业之间的关系，下面有这样一份资料，大家可以做参考：

兴趣类型A：愿与事物打交道。喜欢同具体事物打交道，默默无闻，埋头苦干。相应的职业诸如制图、地质勘探、建筑设计、机械制造、计算机操作、会计、出纳等。

兴趣类型B：愿与人接触。喜欢同人交往，结交朋友，对销售、公共关系、采购、信息一类活动感兴趣。相应的职业如推销员、公关人员、记者、咨询人员、教师、导游、服务员等。

兴趣类型C：愿干规律性工作。喜欢常规性的、重复的、有规则的活动，习惯在预先安排好的程序下工作。相应的职业如图书管理员、文秘、统计、打字员、公务员、邮递员、档案管理员等。

兴趣类型D：喜欢从事帮助人的工作。乐于助人，试图改善他人状况，帮助他人排扰解难。相应的职业如福利工作、慈善事业、医生、律师、保险员、护士、警察等。

兴趣类型E：愿做领导和组织工作。喜欢掌管一些事情，希望受人尊敬并获得声望，在活动中时常起骨干作用。相应的职业如政治家、企业家、社会活动家、行政管理、学校辅导员等。

兴趣类型F：喜欢研究人的行为。对人的行为举止和心理状态感兴趣，喜欢讨论人的问题。相应的职业如社会学、心理学、人类学、组织行为学、教育学、政治学等方面的研究和调查分析。

兴趣类型G：喜欢钻研科学技术。对分析的、推理的、测试的活动感兴趣，善于理论分析，喜欢独立工作并解决问题，也喜欢通过试验做出新发现。相应的职业如气象学、生物学、天文学、化学、地质学等研究和实验。

兴趣类型H：喜欢抽象的和创造性的工作。对需要想象力和创造力的工作感兴趣。喜欢独立工作，乐于解决抽象问题，具有探索精神。相应的职业如哲学研究、科技发明、经济分析、文学创作、数理研究等。

兴趣类型I：喜欢操作机械。对运用一定技术、操作各种机械去创造产品或完成任务感兴趣，喜欢使用工具，尤其是大型的马力强的先进机械。相应的职业如飞机、火车、轮船、汽车的驾驶，机械装卸，建筑施工，石油、煤炭的开采等。

兴趣类型J：喜欢具体的工作。希望能很快看到自己的劳动成果。愿从事制作有形产品的工作。相应的职业如室内装饰、时装设计、摄影师、雕刻家、画家、美容美发、烹饪、机械维修、手工制作、证券经纪人等。

兴趣类型K：喜欢表现经常变动、无规律的但具挑战性的工作。相应的职业如演员、运动员、作曲家、旅行家、探险家、特技人员、海员、职业军人、警察等。

当然，这些并不是绝对的，我们最重要的是要听从内心的召唤。在做职业规划的时候，一定要结合自己的性格和兴趣。选择自己喜欢做的事情，在事业路上便能披荆斩棘，直达高峰！

特长和优势，离成功最近

根据自己的兴趣选择事业，可能会有些盲目，因为有时候兴趣可能并不是自己真正擅长的。认识自己，了解自己的优势和特长，以自己的优势为择业标准，选择自己擅长的工作，距离成功最近。

有个山里人，在打猎的时候，意外活捉了一只豹子。他便把豹子养起来，慢慢地，豹子便习惯了他的豢养。豹子漂亮极了，还是一个捕猎能手，猎物只要被它发现，就很难逃脱。

这个人为自己的成就感到洋洋得意。有一天，他大摆酒席，请亲朋好友来家里参观豹子。大家纷纷赞不绝口，无不露出羡慕的神色。这人更得意了，认为豹子为他争得了荣誉，更加善待豹子。他给它套上金绳子，并天天杀猪宰羊给它吃。

这天，屋子里跑过一只大老鼠，这人心想：有豹子在，这老鼠肯定是死定了。他便让豹子去抓老鼠，但是豹子竟然只打了一个哈欠，一动不动。他气愤极了，没想到豹子令他这么失望，他把豹子臭骂了一顿，希望它悔改。然而，此后每次有老鼠经过，豹子还是无动于衷。

这人对豹子彻底失望了。他对豹子的态度来个一百八十度的大转弯，对豹子大打出手，并且把金绳子换成麻绳子，不再杀猪宰羊，反而给豹子吃剩饭剩菜。

他的一个朋友看到了，叹息不止，劝他道："宝剑锋利，可是补鞋还是剪子好使；丝绸漂亮，可是擦脸还不如一块粗布；豹子虽然厉害，可是捉起老鼠来还不如病猫。你怎么这么愚蠢呢？应该用猫去捉老鼠，用豹子去捉野兽呀！"

这人恍然大悟，没想到愚蠢的不是豹子，而是他自己。他便把豹子放出去捉野兽，结果家里的野味多得吃也吃不了。

"宝剑锋利，可是补鞋还是剪子好使；丝绸漂亮，可是擦脸还不如一块粗布。"任何事物，包括人，都有自己的长处，这个长处大多数是与生俱来的本领，是一种天赋。只有发挥了自己的特长和天赋，才能实现自己存在的价值。正所谓：尺有所短，寸有所长，物有所不足，智有所不明，功有所不全，力有所不任，才有所不足。这个世界上没有全才，没有哪个人样样都精通。一个文学大师，不一定懂得IT行业的精髓；一个数学天才，不一定精通烹饪……我们要寻找自己的优势和特长，并且扬长避短，发挥最大优势，才能在事业上更迅速走向成功。

一个人取得事业和社会中的成功，其中的因素是很多的，机遇、环境、心态、努力、工作，等等。但是最重要的一点，成功依靠的是自身的优势。比如，你擅长于形象思维，或者擅长于抽象思维，那么，你就不要强求自己去做自己并不适合做的事情，因为你即使做了恐怕也难以有收获。大发明家爱迪生，如果他最初去做文字工作，电灯就不会那么早来到人类世界；IT富豪比尔·盖茨，如果他最初去做汽车行业，计算机也不会那么早出现在人们的办公桌上……

清初思想家王夫之说：鸢飞鱼跃，各使其能，以使其技。意思是讲，鸟在天空中飞，鱼在水中游，只有得到了能让自己发挥作用的环境，才能物尽其能，人尽其才。如果说鸟游水中，鱼飞天上，生存都成了问题，还谈何发挥作用？人也是一样，只有把他放在适合他的位置，他才能成为一个天才。这个合适的位置，就是他的优势所在。

在英国，有一位年轻的首相约翰·梅杰，他在47岁的时候，就登上了首相宝座，为近百年来英国最年轻的首相。

就是这位最年轻的首相，少年时有过一段非常狼狈的历史。学生时代的梅杰，并无超人之处，在同龄人当中他非常逊色，16岁的时候因为成绩太差而不得不退学。成为首相之后的梅杰回想起来，感觉那时候的他简直糟糕极了。从学校退学之后，他去找工作。在应聘公共汽车售票员的时候，却因为心算不及格未被录取。

当47岁的梅杰成为首相之后，有人对此大感疑惑：一个连售票员都不能胜任的人怎么当得了首相？对此，梅杰巧妙地回应道："首相不是售票员，用不着心算。"

我们身边有很多成功者，我们在仰慕他们才华的同时，其实忽略了一点：我们一样有自己的优势，只是暂时没有发掘出来，或者还没找到合适的舞台。不要被自己刚进职场的一些小缺点和短处蒙蔽了双眼，从而对自己失去信心，在工作中唯唯诺诺，不敢表现自己的才能，也不愿意在公司的一些分内的事情上插手。这样一来，我们就失去了很多学习锻炼的机会，也会受到同事的轻视。要相信自己，每个人都有自己的可取之处，或许你爱睡懒觉，每次上班都迟到一点点，但是你的工作效率还是很高的；或许你在销售部业绩很差，但是你很有创意，在设计部就能发挥你的才能了。坦然接受自己的缺点，客观对待自己的优点。成功者都善于把优势转化为成效。他们明白，人应当尽可能地扬长避短。这个长处，能让自己充分发挥自己的潜能，而不单单是自己感兴趣的东西。

歌德之所以成为世界大文豪，最关键的就是他找到了自己的优势，从而将优势转化为成效，在文学领域产生轰动效应。

歌德二十几岁的时候，非常喜欢绘画，他一直梦想自己能够成为一名像达·芬奇那样杰出的画家。为了实现这个梦想，他付出了勤奋的努力，天天练笔，在五彩缤纷的颜料世界中沉醉。然而，他的付出并没有得到相应的回报，他并没有在绘画领域做出成绩。

有一次，歌德到意大利游玩。在那个充满艺术气息的国家，他观赏了很多大师的作品。他不禁问起自己来了：我这么喜欢绘画，为什么付出这么多努力都成绩平平？这些作品，就算我用一生的努力都做不出来。绘画到底适合不适合我继续走下去？

歌德思考了好长时间，他终于下定决心放弃绘画，把文学作为自己的主攻方向。短短时间里，歌德用他那支神奇的笔，为世人创作一个又一个文学作品。他在文学的世界里畅游，在文学世界里发现了更为广阔的大陆，让他忘我地书写！

能够发挥你的特长的事业就是你最容易取得成功的事业。无数的成功人士已经证明了这个道理。因此，当你选择了能够发挥你的最大特长的事业时，实际上就意味着你已经在自己事业道路上迈出了成功的第一步。

只要努力，你会喜欢上它

我们都想做自己喜欢的工作，但是能够从事自己喜欢的工作的人少之又少。大部分的人都是很不情愿、勉勉强强地从事这份"一点也不喜欢的工作"，工作态度是散漫的。但是兴趣是可以培养的，很多人就是能够努力培养对现有工作的兴趣，喜欢上自己的工作，对工作倾注热情，才取得事业上的成功。

工作首先是一种态度。你对工作采取积极的态度，工作将回报你积极的结果。反之，你用消极的态度对待工作，在还没开始工作前就认为工作是"挣钱的手段"、混日子等，在工作的时候懒散懈怠，消极被动，那么结果只能是你失去工作。有很多人之所以不停换工作，还是找不到适合自己的工作，从而浪费了大量的时间和精力，其原因就在于他们对工作始终抱着消极的态度。只有把工作当作自己的天职，把工作当成快乐生活的一部分，我们才能成功。不管是任何工作，既然我们做出了选择，就应该为工作负责，努力工作，在付出努力的同时，这份工作的理念、方法等慢慢渗透到我们的生活中，我们终会发现自己会爱上这份工作。

美国有一位医药厂的老板，原毕业于医科大学，之后他自己开设了一家规模很小的西药房。说实在的，对于这样的现状，他非常不满意，读书时代做救死扶伤的医生的梦想而今被现实无情地粉碎了。他对自己的职业产生了怨恨，经常在娱乐场所消磨时间。

后来有一天，他开始问自己："我能舍弃这种生涯吗？我能在我的职业中施展我的才能吗？"按照当时的状况，他自然是不能舍弃自己的职业。既然已经选择，那么就改变一种态度，改变一种方法，尝试着喜欢它。

什么方法呢？开药房就是招揽顾客，赢得利润。他就想办法如何让自己的顾客高兴，最重要的就是提高送货的速度。有一次，电话响了，他接了电话，愉快地说："好的，郝斯福夫人，两瓶消毒药水，14磅消毒棉花，还要别的吗？啊！今天天气真好，还有……"他不断地讨好他的顾客，同时指挥伙计，把货物取齐，马上送去。伙计也训练有素，在接电话一分钟内，就将物品送至郝斯福夫人家的门口，而他们仍在继续谈话，等到她说："门铃在响了，华葛林先生，再见！"于是他放下了电话听筒，面露喜色，知道货已送到。

他就这样获得了很多顾客的喜欢。而他自己，在使顾客高兴的同时，也为他独特而新颖的方式感到自豪。他的口碑越来越好，附近的居民都知道了这家态度良好、送货速度超快的西药房，也纷纷来他药房购药，并渐渐扩展到别处居民，使他们也都成为他药房中的长期客户。从此，他的一间小小药房便扩展成了公司，并成立了制药厂。

"一般人大都是羡慕别人的幸运，嫉妒别人的成功，而不振奋自己的意志，努力实行，只想坐待良机。"你无法改变工作的性质和现状，那么你就去改变工作的态度。就像感情是可以培养的一样，我们与工作之间的关系也是可以改善的。不愿意对工作付出努力的人，不论做任何工作，都无法取得成就。

李婷出生于干部家庭，父母对她非常宠爱。从小习惯了被父母照顾的李婷，也很听父母的话。高考填报志愿的时候，父母认为，女孩子应该找一个轻松一点的工作，不要在外面打拼，因此让她填报文秘专业。李婷当时也没太多的想法，也就报了文秘专业。

上了大学之后，李婷才发现自己对文秘专业没有多大兴趣，但是毕竟已经开始读大学了，将就着把大学三年读完了。

李婷的成绩并不好，读书期间也是按部就班的。毕业后，因为父母的关系，她进入了一家事业单位做行政秘书。每天的工作很简单，就是接电话、管理办公用品、订会议室等。烦琐的工作，让李婷觉得烦躁。尤其是看到同事都在做一些有技术含量的工作，她就有种被轻视的感觉。不到三个月，李婷就辞职了。

事业单位比较死板，企业单位应该比较有活力吧。李婷抱着这样的想法应聘到了一家外贸公司，也只能是做秘书。但是万变不离其宗，李婷发现这份文秘工作与事业单位那份文秘工作也是一样的。她越来越感觉到，做文秘工作简直是在浪费青春，她明明有满腔的抱负，比如电视里那些身着职业装，带着笔记本电脑"飞来飞去"的商业女性，她很羡慕，但是而今她却做这些烦琐的没有任何挑战性的工作。她不喜欢这个职业，认为这个职业也不会实现她的人生价值。她必须找一份自己感兴趣的工作才行！

打定主意之后，李婷想到，自己性格外向，喜欢和人打交道，做销售应该很适合。于是，她放弃了文秘工作。经过努力，李婷终于在一家营销企业做起了销售代表。而这家公司的销售业务中，有相当多的内容也需要通过电话销售来积累客户，尤其对于新手来说更是如此。开始一两周，李婷觉得挺有意思，但时间稍长，她感到了日复一日的枯燥和巨大的压力。没想到跳出了文秘的圈子，还是跳不出这种工作性质。每天给客户打电话，每次都要说同样的话，重复同样的内容。而且，推销就可能面临着客户的拒绝，每打一个电话之前都要鼓起相当大的勇气。多次被拒绝之后，李婷沮丧极了，完成不了销售任务，没有工资提成不说，最要紧的是她感觉特丢人。她也不喜欢销售工作了，这也不是她的兴趣所在。

父母见她短短时间换了那么多工作，也有点着急，就建议她先掌握一门技术，然后再向商业领域发展。李婷认为老马识途，还是先听听父母的意见吧。她用四个月的时间考了MCSE认证（微软认证系统工程师），经过父母朋友的介绍，她进入当地移动公司做计算机维护人员。机房的工作不忙，可以学到很多计算机专业知识。她不否认这份工作的优点，但是随之而来的又是一系列的问题。机房工作人员少，都是倒班制，通常每天只有她一个人上班，跟别人沟通的机会很少，几个月下来，李婷觉得很压抑。本来性格外向的她，做了这份工作，感觉自己与人沟通都成问题了。她非常苦闷，已经毕业两年了，她还找不到自己感兴趣的工作，该怎么办呢？

兴趣确实能在工作中给人带来幸福感和强大的驱动力，感兴趣的工作，即使很累，我们也会觉得快乐。然而，并不是人人都能从事自己感兴趣的工作，大部分人都在做自己不感兴趣的工作，为什么还是有一部分人在"不感兴趣"的工作上取得了成就呢？原因就在于，他们对待工作的态度。积极对待工作，不管做哪一份工作，都能在工作中发现乐趣，从而培养自己对这份工作的兴趣。而消极对待工作的人，无论换多少工作，都是抱着"我不感兴趣"这样的态度，不努力去工作，不尝试去发现工作中的乐趣，又怎么能发现自己的兴趣所在，怎么能喜欢上自己所做的工作呢？

有句话说得好："选择你所爱的，爱你所选择的。"如果我们因为某些原因不能从事我们感兴趣的工作，那么就努力去面对你目前的工作。要干一行，爱一行。一份工作只有在你真正了解并能胜任的前提下，才谈得上兴趣。但每一项工作在开始时，都需要付出相当多的努力，去战胜困难。在这个过程中，我们才能了解它有哪些方面真正吸引了我们。

一件工作有趣与否，取决于你的看法。对于工作，我们可以做好，也可以做坏。可以高高兴兴和骄傲地做，也可以愁眉苦脸和厌恶地做。如何去做，这完全在于我们。所以只要你在工作，何不让自己充满活力与热情呢？

兴趣总是可以培养出来的。开始设想这件事值得去做，然后想你能做而且能从中受益。只要喜欢上了工作，任何辛苦都不会觉得厌烦，努力也不会是难为的努力，而能够快乐投入于工作之中。一旦能够投入工作之中，工作能力自然就会提升，那么你的事业就芝麻开花节节高了。

热忱，让工作深入你的灵魂

热忱是工作当中一种最为难能可贵的品质，对工作抱有热忱的员工，往往能在兴致勃勃的工作过程中释放出巨大的潜在能量，并且可以把枯燥的工作变得生动有趣，使自己充满对工作的渴望，使自己产生一种对事业的狂热追求。热忱的工作态度，会让我们真心地爱上自己的工作，并且在这种热忱的状态下享受工作。

热忱，就是拥有满腔的激情，就是在任何情况下都能全身心地投入到工作当中。它是一种潜伏在我们身心内部的品质，是一种潜在的、可以产生巨大力量的财富。有一位著名的民营企业家说："要想获得这个世界上的最大奖赏，你必须拥有过去最伟大的开拓者所拥有的将梦想转化为全部有价值的满腔激情，以此来发展和销售自己的才能。"成功者对待事业，都是满腔的热情，都拥有一颗热忱的心。这种热忱，能让他们在工作压力面前变得坚强起来，在不太如意的工作现状中变得乐观起来。这种热忱，能够挖掘他们身上的潜能，让他们在工作中创新。这种热忱，能让他们在工作中做出更优秀的成绩，从而获得满足感和成就感，更加深刻地热爱自己的工作。

然而，现实中有很多人，他们对工作缺乏热情，上班就是混时间，对工作敷衍了事，能推就推，能拖就拖，就等着下班时间的到来。没有激情，工作是不可能取得成就的。美国伟大的哲学家爱默生说："不倾注激情，休想成就丰功伟绩。"激情是工作的灵魂，是一种能把全身的每一个细胞都调动起来的力量，是不断鞭策和激励我们向前奋进的动力。每一项发明，每一个工作业绩，无不是激情创造出来的，激情是工作的灵魂，甚至就是工作本身。

对工作缺乏热情，主要原因就是没有正确认识到工作对自己的重要性。他们只把工作当作一种差事，当作一个饭碗，并看不到工作背后蕴含的意义，总之，他们没有把工作当成事业去做。即使他们从事的是自己喜欢的工作，对工作的热情也只是三分钟热度。如果从事的不是自己喜欢的工作，"不感兴趣"也就成了他们工作态度散漫的借口之一。

每逢加班，总能看见一种"有趣"的现象：一些人即使天天都在加班，经常熬夜也不叫苦且乐此不疲；而另一些人即使今天是第一次加班，或是很偶然地加一次，嘴里却叫苦不迭。很显然，前一种人对工作倾注了热情，他们把工作当成事业来做，即使现在吃苦，但是想到未来不远处成功在向他们招手，他们就满身是劲儿。后者把工作当作是应付老板的一个差事，他们最大的愿望就是工作中争取少做事情，到月底还能多领薪水。一位著名的企业家说过这样一段话："我的员工中最可悲也是最可怜的一种人，就是那些只想获得薪水，而对其他一无所知的人。"工作本身没有多大的区别，区别就在于是否把工作当成是事业而去奋斗。把工作当作事业的人，即使在平凡的岗位做着琐碎的工作，也能做出不平凡的成绩，让人钦佩。

马班邮路上的忠实信使王顺友，在中国大地上演绎了一场平凡却感人的事迹。他让很多人感动，也让很多人摸着良心自责。他到底是哪一点感动了这么多人？

王顺友，四川木里藏族自治县一个普通的邮递员，被当地人称为"流动邮局"。每次，当当地的人们听到一个浑厚的山歌声由远及近的时候，就知道是王顺友牵着骡马来了，大家都为之兴奋。

四川木里藏族自治县位于四川省西南部，紧连青藏高原。这里群山环抱，地广人稀，平均每平方公里的地面上只有9个人。全县29个乡镇有28个乡镇不通公路，不通电话，以马驮人送为手段的邮路，是当地乡政府和百姓与外界保持联系的唯一途径。全县除县城外，王顺友20年如一日，不管刮风下雨，还是霜冻大雪，都坚持在邮路上行走，把外界的信息带到每一个家庭里。

王顺友是土生土长的本地人，他的工作是接父亲的班。20岁的王顺友从父亲手中接过马缰绳，从此就开始了他孤独的行程。邮路大部分都是高山和峡谷，人烟稀少，气候恶劣，大多数时候只能露天宿营，在山岩底下、草地上、大树底下搭个简易的帐篷就睡。山上气温在零下十几度，走到山下却40多度。吃的是干粮，喝的是山泉。雨天的时候，经常满身湿淋淋赶路。而且路途险峻，常常会遇到危险地段。最要命的是难耐的孤独，整个邮路上，难得看到一个人影。这样的日子，王顺友却坚持了20年。

王顺友也是一个普通人，他为什么坚持这份收入微薄、条件艰苦的工作呢？是什么在支撑着他？听他自己说："……我有点不想干了，想回家种地。但是，我要是退下来，没办法向我父亲交代，也没办法向邮路上的乡亲们交代。父亲当年背着邮包走邮路，没有马，那么苦那么累，都没有说不想干了，我怎么能说不干就不干呢？那些山里的乡亲们，如果有一个月见不到我，他们就会感到很长时间见不到党和政府的人了。在他们眼里，我不仅是乡邮员，更是共产党员，是党和政府的代表。我不能让他们失望……"正是这种对人民、对政府负责的信念，让他坚持下来了。

就是这个普通的农家汉子，他的感人事迹被报道后，引起全国广大读者、观众的强烈震撼和反响。朴实憨厚的王顺友对记者说："受到那么多人的关注，得到这么高的荣誉，都是源自于党的培养、源自于我对这份工作的尽心尽责，我不能骄傲、不能停下来，我要更好地去走马班邮路……"

如果不是对他所从事工作拥有满腔的热情，王顺友不可能坚持这么多年还一如既往！吃了多少苦，流了多少泪，他还是没有对党和人民叫一声苦、叫一声累。他也跟我们一样，有苦和累的感觉，但是他对工作的热忱，让他忍住了，并且学会了苦中作乐。记得一位哲人说过：如果一个人能够把本职工作当成事业来做，那么他就成功了一半。既然选择了这份职业，就应该当作事业去做，对自己所担负的工作怀着满腔热忱。

对工作怀有满腔热忱，就会把工作当作一种使命感。一个人成功的因素很多，而居于这些因素之首的就是热忱。伟大人物能够在特定历史阶段改变历史，关键就是他们对自己所从事的事业有极大的使命感。就是这种使命感，让他们时刻激情四射，让他们在困难的时候保持乐观的心态，并且积极去解决困难。

拿破仑·波拿巴，创造了一个帝国的神话，他在新兴资产阶级几十万法郎的资助下，仅仅用了一个月的时间就做好了推翻波旁王朝督政府的准备工作。他创造了一个神话，被称为"马背上的皇帝"。他一生打过几百次胜仗，粉碎了五次反法同盟的联合进攻，不仅保卫了法国大革命的主要成果，而且推动了整个欧洲从封建社会向资本主义社会过渡的进程。

如同毛泽东带领无产阶级建立新中国一样，拿破仑的成功虽然有他个人野心的因素在里面，但是也是他强烈的使命感促使的。他对革命的热忱，让他在一次次的革命政变中掌握主动权，从而取得成功。热忱，是奋斗的源动力。它可以调动人们积极主动工作的态度，有了这种态度，枯燥的工作会变得兴趣盎然；它可以帮助人们增添克服困难的勇气，有了这种勇气，即使是困难的工作，也会变得简单易做。

每一个成功人士都是从平凡的工作做起的，他们在事业成功的路上一样要经历大大小小的困难，他们也面临过非常辛苦、报酬很低的工作，但是他们一直相信，有耕耘必有收获。所以，他们对自己所做的每一份工作都倾注热忱。100%的热忱投入，一定能带来丰硕的果实。法国著名作家拉封丹说过："无论做任何事情，都应遵循的原则是：追求高层次。你是第一流的，你应该有第一流的选择，在工作中加入'热忱'两字。"在事业上取得成功的人，都是那些对工作负责、满腔热忱的人。

对工作的热忱是可以培养的，只要我们时刻记住，我们所从事的是有意义的工作。当我们对工作怀有满腔的热忱时，我们对工作会积极主动，会提升我们的创造力。而且，工作不再是一种负担，而是一种快乐的活动。在快乐中，我们的工作将更加有意义，工作也将成为一种享受。

热情是工作的助推器

我们对工作投入的热情越多、决心越大，工作效率就越高，效果和努力是成正比的。对一些刚接触的工作，我们并不知道自己是否喜欢，倾注我们的热情，终有一天我们会喜欢上它。当我们抱着热情面对工作，上班就不再是一件苦差事，工作就变成了一种乐趣、一种享受。

前美国总统林肯也说过："人生的乐趣隐藏在工作之中，如果你对工作充满热情，你就能享受到快乐的人生……"热情，能让工作变得快乐，快乐去工作，便能充分调动主动性和积极性，激发我们的创新能力。热情是一个人对理想、对事业、对人生强烈的、极具爆发力的一种感情，表现为生命的活力、冲天的干劲、高度的责任感。有激情的人，工作中就能显现出蓬勃的生机，很容易与上司和同事打成一片，在热情向上的氛围中完成各项工作任务。

热情的人不一定能够成功，但是只要坚持那份热情，终有一天会成功。而成功人士，无一不具有热情的品质。发明家、艺术家、音乐家、诗人、作家、英雄、人类文明的先行者、大企业的创造者——无论他们来自什么种族、什么地区，无论在什么时代——那些引导着人类从野蛮社会走向文明的人们，无一不是充满热忱的人。虽然热情不是成功的唯一因素，但是在成功的因素中却占很大比例。如果不能全身心投入到工作当中，只能是一无所获。

所以说，热情是成功的秘诀。纽约中央铁路公司前总经理佛瑞德瑞克·威廉生说过这样的话："我越老越认定热情是成功的秘诀。成功的人和失败的人在技术、能力和智慧上的差别通常并不大,但是如果两个人各方面都差不多,具有热情的人将更能得偿所愿。一个人能力不足,但却具有热情,通常必定会胜过能力高强但是欠缺热情的人。"

在美国,迪斯尼可以说是一个令美国国民自豪的名字。沃尔特·迪斯尼获得的荣誉是前无古人后无来者的,他先后获得59次奥斯卡提名,26次奥斯卡金像奖。《白雪公主和七个小矮人》的奥斯卡奖是特制的,一个大金人加上七个小金人,迪斯尼是迄今为止奥斯卡最受青睐的影视艺人。他获得如此高的成就,一路上也曾经历了风风雨雨、坎坎坷坷,但是他凭借着对事业的热情,走向了成功。

迪斯尼出生在乡下,父母都是老实本分的工人,没想着培养迪斯尼的绘画才能,他们认为绘画是不能赚钱的,男孩子应该学点能赚钱的手艺。但是,从小迪斯尼就显示了自己在绘画上的天分,他非常喜欢画画,尽管父母反对,他还是一个劲儿地画。

17岁的时候,迪斯尼缀学了,在一个广告公司里找到了第一份工作,给报纸上的分类广告画插图稿,他天天午饭都不吃,专心致志地泡在了画画上。但是不久,新年大甩卖季节结束,报纸上的广告数量减少了,迪斯尼就失业了。

他真的很喜欢画画,很希望成为一名画家,失业后他去报社应聘工作,总编给他泼了冷水,说他没有绘画天分。他只好放弃。后来,他终于找到一份工作,在一个教会中绘图。工作条件艰苦,他没有办公室,家里也没有多余的地方让他绘图,他便在父亲的车库里工作。没想到,就是因为这个车库,让迪斯尼成名了。

在这个又脏又潮的仓库里,迪斯尼遇到了一只小白鼠。他并没有赶走小白鼠,由于自己陷入的处境,让他对小白鼠产生了同情。他在枯燥的绘图工作中,只有这只小白鼠与他为伴。他时而停下手中的工作,抓些面包屑喂小白鼠;时而与小白鼠逗着玩。日复一日，小白鼠变得很亲近他，甚至会爬到画报上。后来，这只小白鼠被迪斯尼搬到了电影荧幕上，成为全民喜爱的"米老鼠"。

之后，迪斯尼全心全意投入到电影的构思之中。一天，他提出了一个构想，要把一则寓言故事改编成彩色电影，那就是三只小猪与野狼的故事。助手们都不赞成，只好取消。可迪斯尼却一直无法忘怀，他屡次提出，却一再地被否认掉。但他有着一种无与伦比的热情，不断地提出，最后大家答应姑且一试。

《米老鼠》制版用了90天，但《三只小猪》只用了60天就完成了。剧场的工作人员都没想到，该片竟受到美国人的喜爱和一致好评。

如果不是凭着他对绘画的热情，迪斯尼早就放弃了绘画，沦为一个平庸的人。又是凭着他对动画事业的热情，他才创造了一个又一个经典。

热情是工作的灵魂，是工作的助推器。无论一个地方还是一个人，要成就一番事业，不仅仅在于个人的素质有多高，也不仅仅在于拥有的外部环境有多好，还在于是否有一种肯干事的激情，一种敢试敢闯敢于创新的气概，一种不达目的不罢休的韧劲。

没有一个公司愿意招聘一个整天提不起精神的人，更没有一个老板愿意重用一个精神低落、整日牢骚满腹的员工。微软公司的一位人力资源主管曾说："我们不能把工作看成是几张钞票的事，它是人生的一种乐趣、尊严和责任，只有对工作拥有激情的人才会明白其中的意义。"所以，微软招聘人才其中一个重要标准就是，必须要有激情，对公司有激情，对技术有激情，对工作有激情。从某种意义上说，激情是人们干好一切工作、成就各项功业的基础。

有激情的人，一定有自己坚定的事业目标。一个事业目标明确的人，在追求事业的路上，他的潜能会得到最大发挥。实践证明，凡是没有奋斗目标的人，其目光必然短浅，干事业浅尝辄止、畏前怕后，缺少勇往直前的精神。因此，成功的机遇很少会降临到这些人头上。而一个人要是有了远大的革命理想，他必然会对自己所从事的一切工作充满信心，并常常会产生一种热血沸腾、追求上进、不达目的誓不休的感觉，从而使之全身产生一种使不完、用不完的劲儿。

有激情的人，会正确面对工作中出现的各种困难，凭着这股热情，他不会逃避问题，不会沮丧；相反，他会调动自己的积极性去解决问题。在这股强大的热情支持下，困难和挫折都不会打败他。即使遇到很大的困难，他们也能在原地站起来。

然而，热情并不是三分钟热度。成功人士不是靠着三分钟热度就能走向成功的，需要长期的坚持。我们要明白，拥有了热情，不管处于怎样的环境和情况之下，你都会有所作为。

第五章

享受工作，学会抗压

所谓压力，是指我们对某一没有足够能力应对的重要情景的情绪与生理紧张反应。职场上，压力是一个常用词。任何人的工作中，不可能没有压力。不同的是，有些人不懂得如何面对压力，从而被压力打垮。而有些人懂得如何减压、转压，能把压力转化为动力。懂得抗压的人，才是职场上的高手。只有这些人，才能在工作中找到乐趣，才能享受工作。

工作不是生活的全部

世界上并不存在十全十美的工作，但富有意义的生活就掌握在我们每个人的手中。现代人生活中，虽然工作占据了很大一部分，但是如果一天的生活中除了睡觉、吃饭，就是工作，就是所谓的"工作狂"，这样的生活就太枯燥乏味了。而且长期工作，不管是对精神还是对身体，都有一定的伤害，最后肯定会影响工作。

人人都需要工作，这是不容置疑的。不工作的人，没有目标，生活是空虚的。工作不单单是谋生的资本，更是实现人生价值的途径。因此，在大多数人眼中，只有努力工作，才能获得高水平的物质生活，才能获得社会的认可，才能让自己的人生变得更加有价值、有意义。甚至儿童读物中的故事也是如此教育的，如果故事是以动物为中心，那么猪常是被指为不做工的角色，而其最后的结局就是在过年的时候被主人杀掉。不工作，就会受到极大的惩罚。当然，这样的观念没有错，但是在这个快节奏的社会，越来越多的人把更多的时间用在工作上，忽略了应有的生活享受，就是那些被称为"工作狂"的人。

什么叫工作狂？他们早上班，迟下班，整日整夜地工作，连星期天、节假日也不放过。对办公桌或客户，神气十足，有冲劲，有活力，可一旦停止了工作，就会精神颓萎，毫无生气。他们的生活中，除了工作就是睡觉、吃饭。思维中只要大脑在运转，也都是在思考工作的问题。工作狂这个称呼，曾经被视为褒义词，普遍认为，工作狂就是"忘我工作"，为了工作废寝忘食，他们拼命工作，为本企业或本单位带来了巨大的效益，而且为同事们树立了模范的榜样，故多数"工作狂"往往被评为"先进典型"，成了"骨干"或"红人"。随着社会经济水平的提高，尤其是现代社会，崇尚娱乐休闲的年代，工作狂不再具有往日的意义。工作狂已经成为一种病态上班族，他们超负荷地工作，精神和身体严重承载不起，却还在坚持，属于强迫症。

工作狂的典型特点就是，强迫自己去工作。工作狂中有一部分人，他们确实热衷于工作，但是却认为唯有在工作中才能找到人生的乐趣。而另外一部分工作狂却是为另外某些原因所逼迫。比如，家庭矛盾，夫妻不和，孩子的教育很成问题，家中老人卧病在床，等等。为了逃避或者忘却这些令人伤神的事，他们只好疯狂地投入工作，以减轻内心的痛苦。这种逃避现实的心态不断持续着，久而久之就会演化成一种习惯性逃避，即不需要逃避时也逃避，这就是这类工作狂的真面目。还有一部分工作狂，他们有强烈的自卑意识，认为只有通过工作才能建立自信，对工作病态地苛求完美，一旦出现问题或差错便羞愧难当、焦虑万分。如果有人帮助他们，出于强烈的自卑与自尊心，他们又将他人的援助拒之门外。加上，社会竞争非常激烈，不拼命工作就会丢饭碗，因此他们才强迫自己不顾一切去工作。

小王刚刚进入一家公司做策划，他很努力工作，力求每个小事上都做到完美，期望自己能在策划界立足。

这天，快下班了，领导给了策划部一个任务，要求为市里一个大型保险公司策划的文艺活动写新闻通迅稿，在第二天中午之前必须上交。接到这个任务，小王和策划部另外两位同事都打算晚上回去好好准备一番。然而，非常不凑巧的是，他们策划部晚上都必须一起陪重要客户吃饭。他们没办法，只好上阵。酒桌上，小王尽量劝别人喝酒，自己装醉。不一会儿，那两位同事喝趴下了，还是别人开车送回家的。

小王强撑着回到家，一直挂念着新闻通讯稿，尽管头疼欲裂，还是不敢睡。为保持清醒，他一遍一遍地用自来水淋头，写一会儿稿子，就跑出去狂吐一阵，涕泪交加地回来继续写。一直折腾到凌晨一点多，才算完成任务。当时小王还自豪，想到那两位同事已经喝得不成人形，估计是写不出什么东西了，自己应该算抢了头功吧。

当第二天早上，他撑着依然沉重的头敲响领导办公室的门，把稿子交上去时，令他惊讶的是，那两位同事也在交稿子。他们的稿子思路清晰、遣辞准确，再看他们的眼睛通红，满面倦容。天知道，他们昨天晚上是怎样拼命的！是啊！他们之所以努力克服身体的不适，玩命地投入工作——因为每个人都在想，如果我休息了，别人不休息怎么办？如果我不"开夜车"，别人万一连夜把稿子赶写出来怎么办？

还有一种工作狂，是典型的为钱"狂"。这类工作狂也占很大一部分。尤其是在现代社会，金钱备受推崇。很多人都把幸福与金钱，幸福与高收入画上了等号。所以，他们玩命工作为的是赚钱，为的是让家人和自己过上"幸福生活"。当然，金钱可以满足人的基本需求。所以，很多人就用经济上的成功来衡量自己到底有多成功以及生活有多幸福。但是，人一旦脱离贫穷，钱的力量就没那么大了。金钱，只是幸福生活中的一小项而已。

无论是哪种原因导致的工作狂，工作狂在现代社会大多数都不是企业所需要的理想员工。但是，工作狂的数量却一直在增加。不管是西方，还是东方，这是一个普遍的社会问题。在过去的10年中，日本增加了7成，美国的工作狂增加了5成，在我国也增加了至少4成。

在工作狂被仰视的年代里，大家聚在一起，谈论的最多的都是工作，这才显得高雅。而今，崇尚享乐主义、追求轻松生活，才是受欢迎的话题。称赞别人"你很懂享受"，比说"你工作很拼命"，更能让对方听了心花怒放。谈论休闲、养生等话题，才显得时尚。

工作狂不再受欢迎，有很多原因。最主要的就是，工作狂的身体状态都很糟糕。如果工作狂状态持续5年，则会产生诸多毛病，如高血压、失眠、长期头痛、腰酸背痛等。长期处于工作压力下的工作狂，还容易发生交通事故。在工作中，工作狂因为各种健康问题，严重影响他们的执行力和决策力。他们除了工作，对其他事物兴趣甚少。由于生活缺乏平衡和多样性，他们给企业和自身带来许多不必要的问题。

贺禾是一个化妆品公司的副总裁。她是典型的"女强人"，她认为女人只有通过工作，才能证明自己。她非常热衷于工作，经常从上午7点半上班至晚上9点，许多晚上也会加班。到了周末，也常常把一些必须处理的工作带回家。她对公司的责任感非常强烈，时时刻刻想着公司的事情。公司里，贺禾是唯一不休假的人。她工作计划繁多，甚至对列入最后的一项工作也从不敷衍。

然而，贺禾也面临很多苦恼。她已经30多岁了，一个女儿刚读小学，她却很少有时间陪伴女儿。丈夫经常抱怨，她也只能是一推再推。女儿渐渐连妈妈都不再叫她。由于经常在公司工作，她一两年都没有去体育馆锻炼，体重一直在增加。每天下午精力不济，当情绪低落时，她就靠吃甜点和苏打食品坚持工作。通常情况下，她到晚上11点才吃晚饭。她患有慢性背痛。医生警告她，如果不开始运动和减肥，她的健康就会受到威胁。

贺禾对医生一再承诺，只要公司运营没有问题，内部没有问题……她一定去好好注意身体保养。然而，作为副总裁的她，怎么会发现公司一点问题都没有呢？

把工作当成了生活的全部，生活肯定会受到很大程度的影响。工作本来是为了让自己的人生更有价值、更有意义，但是工作狂导致生活与工作失调，工作业绩受到影响，与之相伴的幸福感和工作激情也会大幅滑落。

因此，一定要平衡好生活和工作。如果你感到身心疲惫，首先要做的就是放开工作去放松自己。我们提倡努力工作，但工作毕竟不是生活的全部。如果把工作作为生活的全部，变成了工作狂，无论你是老板还是打工者，相信没有多少人会喜欢你，而你也失去了丰富生活带来的乐趣。这种工作能是幸福的吗？

微笑，让压力遁形

高尔基说："只有爱笑的人，生活才能过得更美好。"职场上，来自各方面的压力是不可避免的。事实证明，经常微笑的人，能够更好地调节自身压力。微笑，是人的思想情感的平静流淌，能够让我们在突然事件或者压力面前保持内心的轻松自如，从而让我们免受压力的危害。微笑，是最好的减压方法。

微笑，代表一种发自内心的好心情。它轻松自如，自然流淌，让全身的神经都能处于平和美好的状态。这样的好心情赢得好精神，身体自然就会健康。而且，微笑显现了精神上的愉悦。生活上，我们会面临各种压力，由此导致我们产生忧愁、烦恼、焦躁、郁闷等感情，严重威胁我们的健康。而微笑，会让我们的胸怀更宽阔，让这些不快乐的情绪慢慢消失，还我们一个健康的身心。

前面我们也谈论过，在社会交往中，微笑是世界上最美好的语言。微笑能够传递感情，沟通理解，增进友谊，获取慰藉。不会微笑的人，也许拥有地位和金钱，却很难得到内心的宁静和幸福。经常微笑的人，能够感染身边的人，从而让微笑常驻人间，世界将会变得更加美好。

职场中，压力是各方面的，有来自业绩压力，有来自与上司或邻居之间的人际交往，有来自薪水压力，等等。但是这一切都是不可避免的，却并非是一定能够让我们感到压抑的。关键是我们以什么样的心情去面对。

没有不好的事情，只有不好的心情。要摆正态度，不要害怕这些压力，放开胸怀，改变可以改变的，接受不可以改变的。保持心情放松，经常面带微笑，告诉自己：一切都会好的。记住，当你对别人微笑时，你会看到世界对你微笑。

当你微笑的时候，你会变得乐观起来。"当我们在为没有鞋子而哭泣的时候，看看路边那些没有脚的人。"即使我们现在工资很低，很难在城市里买一套房子，只好租房子住。但是那又怎样呢？有那么多人还无家可归呢！即使我们现在只是公司的一个小职员，不受重视，每天做按部就班的琐事。但是那又怎样呢？还有那么多人奔波在人才市场，连工作都找不到！积极的人生观是重要的，乐观的人更容易发出会心的微笑。微笑，让我们坦然面对自己的困境，学会知足常乐，并想办法去度过困境。倘若一个人能始终保持一种乐观的心境，微笑着面对人生，就有可能卸下那许多本无必要承受的心理负荷，创造力就会不可抑制地迸发出来，整个生命将会因此大放异彩。

当你微笑的时候，糟糕的事情会变得不那么糟糕。当一个人处在愤怒、悲伤、焦躁等情绪状态中时，他去处理事情，不仅没有任何效果，反而越处理越糟糕。让我们微笑面对这些糟糕的事情，放松心情，告诉自己：没什么大不了的。等我们平静下来，会想到很多处理事情的点子，确实没什么大不了的。很多压力，都能在微笑中化为无形。一个微笑，有利于营造宽松和谐的氛围，能够产生信赖和安全的感觉，使之感到温暖与鼓舞。

现代这个社会，科技越来越发达，娱乐越来越丰富，生活越来越滋润，人却越来越冷漠。在职场中，同事之间除了工作，几乎没有什么可以交流的，好像都在互相敌视。见了面，勉强打个招呼，即使微笑，也是挤出来的。

在教育领域，对一些正在发育的青少年来说，微笑显得尤为重要。

曾有记者对某小学做过一个问卷调查，调查中通过对抽取的100份问卷进行统计分析,显示91%的学生喜欢微笑型的老师,54%的学生在校园中感到紧张和压力,12%的学生几乎没看到过老师笑。

对于学生们来说,老师的微笑对他们有着极为重要的影响。当老师要求学生做某件事时,老师带着真诚的微笑,学生们肯定会欣然同意,而且在完成任务过程当中是积极主动的。当学生提出一些要求老师无法答应时,老师带着微笑拒绝,学生一定会理解老师。而当老师带着微笑鼓励学生时,会大大增加鼓励的价值和作用。

经常给学生"冷脸",不微笑的老师,他们这种"冷暴力"对学生伤害也很大,无形中给学生心理增压。经过这样的调查和学校管理机构的要求,拒绝老师对学生使用"冷暴力"。学校要求老师在课堂上要对学生微笑教学,给学生减压。年终时,学生要根据"微笑指标"给老师打分,考察的分数最终会列入老师的年终考评中。

学校还规定老师:不允许在课堂内当众随意批评学生;不能说"你怎么总也教不会"等刺激性批评语言;批评学生不能用手指指点点等。指标对老师的"微笑仪态"也有规定,除了要求老师面带微笑,更对老师的身体语言、穿着打扮等提出要求,比如和个子矮小的学生对话,要弯下腰;看到学生上课走神,不是立马大声批评,而可以选择踱步过去轻拍提醒;衣着得体等。

学校如此,职场上也应该如此。职场中,上司与下属之间,如果多一些真诚的微笑,就会少一些沟通上的麻烦。同事之间,如果多一些真诚的微笑,就会多一些理解。微笑化解了人际上的压力。至于其他工作上的压力,大家多微笑,互相坦诚相待,在和谐轻松的氛围中,大家共同面对压力,共同解决困难。

微笑可以克服抑郁寡欢、空虚紧张、萎靡不振等不良情绪,微笑有利于促进个人的身心健康。所以，人们倡导微笑。5月8日是世界微笑日，在这一天，世界人民不分语言、种族、肤色，微笑让沟通无处不在。

　　从现在起，每天保持微笑，给自己多一些积极的心理暗示，要有意识地练习放松自己，时时注意要求自己轻松点，放下重重的心事，给自己多一些鼓励，你的生活可能会有一个很大变化。

减压，从心态开始

心态决定命运。积极的心态，让我们把压力化作动力；消极的心态，让我们沉浸在压力中无法自拔。工作，是我们实现自我价值的途径，工作又占据了我们生活的大部分。如果我们消极对待工作中的压力，那么生活将充满灰暗。因此，如何正确面对压力，是减压的首要问题。

是不是感到早上起床很难？总是觉得很累？总是忘记重要的事情？总是感到身体酸痛？总想发脾气？心情总是很烦躁？早上是不是想到要上班心里就排斥？到了公司是不是感觉没有精神？工作过程中是不是总是哈欠连连、对工作充满厌烦？……你正在面临压力。每个人都可能面临压力。从年龄角度看，年轻人的压力包括：高考、学费、就业，不堪重负；中年人有压力，上有老，下有小，又要干事业；老年人有压力，身体每况愈下，收入低，如何养老？从职业范围看，公务员有压力，人少事多，竞争激烈；警察有压力，担负着保护一方平安的职责；医生有压力，给患者开的每包药、每剂针、每个手术都担负着救死扶伤的重任，寄托着患者家属的期望……因此，每个人一生当中都可能出现各种压力，有压力是很正常的。但是，压力不可能瞬间消除，我们能做的是认知并应对压力。首要问题就是，如何以一个正确的心态对待压力。

从前，有一位画家，他最大的愿望就是画一幅人人看了都喜欢的画。为了这个梦想，他一直在努力。终于有一天，他画成了一幅画，他认为这幅画每个人都会喜欢的。于是，他把画拿到市场上展出，旁边放了一支笔，并附上了说明：请每一位观赏者对画中欠佳之笔标上记号。画家心想，标记号的应该寥寥无几吧。他怀着满心的希望回家去了。

到了晚上，画家又来到市场上来取画。他惊讶地发现整个画面都涂满了记号，没有一笔不被指责的。画家心里非常难过，原来有这么多人不喜欢自己的画。他想了一个晚上，终于又想出了另外一种方式。

第二天，他又临摹了一张同样的画拿到市场上展出。这一次，他要求每位观赏者将其最为欣赏的妙笔同样标上记号。

当画家再取回画时，他发现画面又被涂遍了记号——那些曾被指责的笔划，都换上了赞美的标记。

画家恍然大悟：在一些人看来是丑恶的东西，在另一些人眼里则恰恰是美好的。

我们的情绪，很大程度上受到别人的影响，由此产生了压力。其实，这些压力，很多时候都是我们自己加给自己的。关键是用什么样的态度去认知。

常言说，人生不得意十之八九，是人总有些烦心事：工作不称心，事情处理不公平，经济条件不宽裕，健康欠佳，期望中的事情落空，好心未得好报，受冤枉挨批评，等等。对这类事情，如能持积极心态，心里就会想得开，心胸也就会豁达，就能妥善对待、处理好这些事情，工作顺利，心情舒畅。如果总是想不开，越想越气，自控能力减退，情绪失去控制，言行也就出现反常现象。甚至为了一点小事，大闹一场，出言不逊，开口伤人，使你的人品大为降格，人际关系受损。事后冷静下来想一想，为一点小事，大发脾气，根本不值得。

我们工作中遇到的压力有许多，比如新员工到岗，他们原来较高的工作期望要面对工作劳累、枯燥无味的工作现实；个别岗位出现角色模糊、角色冲突、权责不明等；员工给自己定的目标过高，感觉晋升缓慢、抱负受挫等情况。这些情况都会导致员工心里出现一些不平衡，情绪上都会表现出来。这个时候如果产生消极心理，就会产生浮躁情绪，与人沟通易发生争执，造成不良的人际关系，而不良人际关系更加重心理压力，影响整个班组的和谐氛围，影响个人或班组工作绩效。或者有人用消极心态面对压力，逐渐丧失自信心，压力过大时采取极端的办法（辞职）来逃避工作。

有人说，说通不如想通。自己想通了，压力本身就不成为压力了。它们会在我们平和的情绪中平稳过渡。要建立积极的心态，积极的心态是从正面看问题，乐观地对待人生，乐观地接受挑战、应付麻烦。积极的心态，能够引导我们用积极向上的心情看待不好的事情，从而看到事情好的一面。

压力就像一根小提琴弦，没有压力，就不会产生音乐。但是如果弦绷得太紧，就会断掉。你需要将压力控制在适当的水平——使压力的程度能够与你的生活相协调。职场压力管理，目的就是将工作中各个方面的压力调整到适中状态，而这个过程中，积极的心态起着非常重要的作用。

积极的心态能促进我们的工作积极性。当觉得工作任务重、工作难度大等压力的时候，我们不妨换个角度来考虑问题。上级把这么多的任务交给我们，是对我们工作能力的肯定；上级把难度大的工作交给我们，是对我们技术的赏识和信任；我们可以得到更多的锻炼机会，我们可以得到更多的培训学习机会，或者通过任务的完成我们可以更好地展示自我，提高自身知名度，等等。从能够得到这么多的好处来考虑，工作中会充满信心，那么就会缓解或消除我们的工作压力。

面对压力，心态要积极。同时，要增加我们的抗压能力。所谓抗压能力，也就是心理承受能力。同样的变故面前，心理承受能力强的人与心理承受能力弱的人，他们的表现是有很大差别的。假如你是公司的老员工，一直勤勤恳恳工作，突然有一天，领导告诉你公司结构需要调整，必须裁员，而你，不好意思，表现虽然很好，但是公司没办法只好忍痛割爱了——你被炒鱿鱼了。心理承受能力弱的你，一下子难以接受，觉得世界突然变得黑暗了，没有了这份工作，你将去哪里找工作？没有了这份工作，房贷怎么办？老婆知道了，会不会跟自己闹？孩子上学生活费来源会暂时中断，怎么办？……你的脑子中充斥着这些问题，脸孔肯定是苍白的，无法接受这个事实，甚至会跟领导大声理论一番：为什么裁的偏偏是我？换作一个心理承受能力强的人，他肯定不会这样表现。他会强忍着微笑接受这个事实——因为这是无法改变的，然后紧接着争取离开公司最后的利益，或者与领导继续打好关系，可能领导会给你写一封文辞漂亮的推荐信，让你去另外的公司。一个心理成熟的人，绝对不会把事情越想越糟糕的。

面对压力，要积极主动。压力应对从主动性上可以分为主动认知、主动行为和回避型应对三种类型。当压力来临时要主动出击，将压力给我们带来的损失减小到最低点。主动认知应对表现为从有利方面看待压力，回忆和吸取过去的经验，考虑多种变通方法等。主动行为应对是指采取积极行动，做有益于事态发展的事情。而回避型应对则表现为封闭情感，自我忍受等。主动认知应对和主动行为应对能减缓压力所造成的不良影响，而回避型应对会加重压力对身体的消极影响。提及压力，很多人的反应就是挺一挺就过去了，忍忍就算了，这都是典型的压力回避型应对方式。因此，主动行为是减压的正确方式。

职场压力是我们生活中不可回避的一部分。压力是一把双刃剑，可以是阻力也可以是动力。每当我们感受到职场压力时，明智的办法是采取一种比较积极的态度去面对。积极乐观的人，才能在压力中"逆风而上"。

挫折，并不单单是压力

人生没有一帆风顺，在职场上也是一样。当遭遇挫折时，许多人常常会痛苦、自卑、怨恨，失去希望和信心，这就是挫折带给他们的压力。职场上的挫折只能带来压力吗？当然不是，只有正确面对挫折，学会自我调适，把压力变成前进的动力，才能在挫折中成长。

职场是一个优胜劣汰的地方，能者上，庸者下。在激烈的竞争中，谁都不希望自己被淘汰出局，都希望自己是常胜将军，能够长驱直入，一帆风顺到达事业的顶峰。的确，职场如战场，战场上，古往今来又有几个人能做常胜将军呢？俗话说："福无双至，祸不单行。"你不可能永远都是幸运者，总有一些或大或小的挫折出现在你身上。在我们的事业路上，将会遭遇很多挫折，我们必须正视挫折，勇敢面对挫折，在挫折中站起来，在挫折中总结教训，为下一步做准备。

《伊索寓言》中讲了这样一个故事：

在一个渔村里，渔夫们都很团结，做什么事情都是一起去。

这天，他们一起远海打鱼。上午时分，他们运气还是比较好，打了一部分鱼。但是人比较多，平分下来每个人也分不了多少。快下午的时候，他们拉网时，觉得渔网很沉重，便个个高兴得手舞足蹈，以为这一下子捕到了许多的鱼。哪知把网拉到岸边，网里却满是石头和别的东西，没有一条鱼。他们十分懊丧，没捕到鱼倒也罢了，难受的是事实与他们所预想的正好相反。已经快日落了，就要回家了，满载着希望来这里，却是失望而归。

大家都在唉声叹气。这时候，一个年老的渔夫说道："朋友们，别难过，快乐总与痛苦在一起，它们如同一对姐妹。我们预先快乐过了，现在不得不忍受一点点痛苦。"

"万事如意"，只是人们的一句祝福语而已，现实生活中，我们都不可能事事顺心。快乐与痛苦如同一对姐妹，要坦然看待挫折和痛苦。职场上，遭遇挫折，感到心情低落，是正常的现象。我们所要做的就是迅速地排解痛苦、失落、自卑、怨恨等消极心理。

面对挫折，首先是一个态度的问题。当遭受挫折和失败时，有人就徘徊不前，半途而废；有人就唉声叹气，激流而退；有人则悲观失望，自暴自弃。挫折是对勇气的最大考验，就是看一个人能否做到败而不馁。因为挫折的背后，往往孕育着成功的种子。如果因为挫折而停滞不前，你将停留在失败者的角色上。因为错误和失败并不因为人们的不快、悲叹、惊慌和恐惧而不再光临。相反，怕犯错误，怕遭失败，却往往会犯更大的错误，遭更多的失败。走向成功的人，往往是那些败而不馁的人。"大石拦路，勇者视为进步的阶梯，弱者视为前进的障碍。"态度，让成功者与失败者兵分两路。

袁庆是一个大专院校的毕业生，学会计专业的。他在学校成绩处于中上游，为人心眼活络，同学们都认为他的前途不会太差。谁知道袁庆在求职时，却屡次碰钉子。

袁庆老家在农村，自从考上了省城的大学，他自己以及家人都希望他能在城里立足。所以，袁庆只有一个简单的愿望，那就是找一个城里的工作，以后做一个城里人。一毕业，他就跟别的同学一样，拿着一些证件开始找工作。他在网上投简历，也去参加招聘会。各种方式他都去尝试了，但是结果却让他沮丧。半年过去了，他投出去的简历不计其数，前后参加的面试也有几十场，却没有一个单位要他。这些单位、公司拒绝他的理由非常多，比如"无工作经验""另外一个人比你更优秀""你家住得太远""这么长时间没找到工作一定有什么问题"，等等。

袁庆非常苦恼。他听说其他同学也都差不多找到工作了，尤其是班里一个平时并不怎么出色的女生却顺顺利利地进了一家外资企业，当上了白领，薪水待遇都不错。还有一个男生，平时不讲究穿着，看起来邋里邋遢的，天天在学校混日子，这样的人也找到了工作，而且还在人人羡慕的银行上班。不管从哪一方面，袁庆总感觉自己比他们强，但是结果他却远远落在他们后面了。

又是一次面试。三天后，用人单位打电话给袁庆，又用一个理由拒绝了袁庆。袁庆愤怒了，一下子提高了声音："你们怎么可以这样子对我？我到底哪里不能胜任你们这份工作？"然后摔了电话，就蹲在电话旁边，失声痛哭……他对父母讲："我再也不要找工作了！"

任何挫折都是有原因的，也是能找到解决办法的。我们只能摆正心态，保持心情平和，分析自己遭受到挫折的原因，想出办法去改进。挫折乃至失败并不可怕，可怕的是因为挫折、失败而失望，放弃追求。这时必须采取积极的态度，以应付遇到的意料之中或意想不到的挫折，但绝不能因此而放弃对幸福的追求。聪明的做法应当是，审视自己所受的挫折甚至失败，使挫折成为成功的阶梯。只有在知道一切不好的方法以后，我们才知道做好一件工作的正确方法是什么。职场上，同事之间都在相互竞争，同行业不同公司的人也在竞争，一个遭受挫折就沮丧的人，必定会被淘汰。

明朝末年，南京城里有一个名人叫马锦，他是一个戏子，所在的戏班叫兴化班。兴化班在当时繁华的南京城与另一个戏班华林班齐名，很受人们的欢迎。

有一天，徽州帮大商人举行盛大宴会，遍请南京全城的贵客文人，唱戏助兴的就是最有名气的兴化班和华林班。兴化班在席东，华林班在席西，同时演出《鸣凤记》。开头，东、西两班乐器铿锵，歌声悠扬，不分上下。当演到相国严嵩时马锦演得平平常常，没有什么味道，而西台上扮演严嵩的人却演得出神入化，活灵活现，异常精明。这些大商人、文人贵客，哪个不是经常看戏的，他们看出了两个戏班的区别，东席的观众纷纷面向西台，为西台喝彩，有许多的人干脆把座位移到西台前面去了。过了一会儿，东台的兴化班还没有把这出戏唱完，便停锣息鼓，早早收场了。原来，马锦感到自己演技平平，没有再演下去。

这一次，对马锦的打击非常大。一直倾力于演戏行业的马锦，这次失败之后，想了好多天。之后，他毅然离开了兴化班。没有了马锦的兴化班从此衰落下去，只剩下华林班在南京独享盛名。马锦难道不演戏了吗？他是去看戏了。

看什么戏呢？马锦不是一个随便就被打倒的人，他立志在哪里跌倒从哪儿爬起来，他绝对不允许自己就这样认输。他听说当时的宰相顾秉谦是和严嵩一样的人物，便跋涉千里，从南京跑到北京，托人介绍，给顾秉谦当上了仆人。马锦每天侍候顾秉谦，仔细观察他的行动举止，琢磨他说话的语气声调，一有机会，就暗暗地揣摩。马锦就这样看"真戏"。

三年之后，马锦把顾秉谦的风度举止，一言一行，一举一动，全都琢磨熟了。他又结合戏里的严嵩，把这个角色再次琢磨透。他回到南京，找到曾经的兴化班人马，重组戏班，在南京城演出《鸣凤记》，轰动南京城。尤其是马锦演的严嵩，简直把这个角色演活了。观众们又看到了当年的兴化班。

职场上的马锦，如果在竞争中遭受挫折就一蹶不振，从此再也没有兴化班了，他再也不可能踏上戏台演出了。可贵的是，他能够坦然面对挫折，并且看到了自己的不足之处，加以改进，从而取得了成功。

挫折人人都会遇到，当我们遇到挫折时，想想那些在职场上比自己受挫更大、困难更多、处境更差的人，心里会找到一些平衡感，慢慢地将自己的失控情绪转化为平心静气。同时，要想到，我们要做的是事业，不能因为这一点挫折，让我们偏离了自己的事业目标。我们依然要看准目标，坚定地走下去。

现代职场上，因为人心复杂，面临的挫折会更多。除了自身工作能力方面，还有为人处事、人际关系等方面，都可能影响我们的职场生涯。我们首先要明白，挫折是正常的，然后学会在逆境中生存。在挫折中得到成长的人，各方面都会得到成长。

拒做职场失意人

满怀激情的职场新人往往由于各种的困难与处境而影响自己的崭露头角,从而成为职场的失意人。对此,我们必须及时地踢开这些绊脚石,才能转变失意的角色。

[清高的才女]

钱佳是某大学中文系的优秀学生,从一入学就进入了学校的记者团,在各类报刊上发表了不少文章,还在大三的时候担任了校刊主要负责人。

毕业后一家IT公司的老总很欣赏钱佳的才气与文雅的气质,于是钱佳很顺利来这家公司做网站编辑。

自身拥有才华并不等于在职场上能游刃自如。由于老总常常夸钱佳有才气,引起了女同事们的不快与妒忌。

钱佳的个性是:不到万不得已,绝不轻易向别人求助。因为钱佳对电脑技术不是非常了解,遇到一个网页设计问题,就只好去问搞技术的小南,谁都知道IT行业技术都是捂得紧紧的,即使是很简单的问题。钱佳看到小南不是很乐意的样子,赌气跑到隔壁办公室去叫技术总监。总监一看是很简单的技术问题,周围有同事不问,却偏偏跑来问他,立即给总监留下人际关系不好的印象。

有一次技术总监不在,钱佳只好硬着头皮问小南,小南很不耐烦地说又怎么了，钱佳自尊心受到打击，于是心里暗暗发誓再也不问小南了。后来幸好技术部又来了一名男同事，钱佳于是天天跑到隔壁叫新同事，久而久之，钱佳这样舍近求远的做法使她和小南的关系日益冷若冰霜，也令上司对钱佳有了看法。钱佳为此而陷入了困惑与苦恼。

由此看来，钱佳的特点就是清高孤傲，不喜欢讨好人，特立独行，有超然的个性与非凡的智慧。然而再聪明也有糊涂的时候，并且职场不是学校，可以自由挥洒个性，职场讲究的是团队精神和协调合作。谁不喜欢热情主动，喜欢被人捧、被人赞呢？

其实，两个人的关系想要融洽并不是很困难的事情，只要钱佳放下架子，善于和小南敞开心扉地沟通，那么，两个人会很快成为朋友。

[孤独的白马王子]

张亮是金融界的"白骨精"，1.78米的个头，相貌英俊，风度翩翩，并且父母是归国华侨，家财万贯，更重要的是他26岁居然还是单身，简直是把这家公司里那帮黄毛丫头迷得不知所措。在公司里，女孩子们总会故意找机会，要么无意中碰他一下，要么开心聊天时拍他的肩膀，尤其是新入职的几个女大学生，没事就找张亮，说是请教问题，实际的动机我想大家都会明白是什么意思。张亮在家是独生子，大事有父母做主，小事有保姆料理，在公司又受到女孩们的百般吹捧和宠爱，张亮不由有些飘飘然起来。然而女孩们渐渐发现，张亮尽管性格开朗，爱开玩笑，但无所顾忌，开玩笑不讲分寸，经常拿女孩的身材开玩笑，不是说哪个瘦得只剩一堆排骨，就说哪个胖得像个水桶，伤害女孩的自尊心，令人不快。有一次，他居然开玩笑说文员小颜不懂穿衣服，像是穿着一堆垃圾。惹得小颜当众杏目圆睁，大发雷霆，令他特别难堪，几乎下不了台。

慢慢地，张亮习惯了被办公室美女宠爱，而且变得更加不顾及他人的感受，一旦有女同事找他帮忙，他要么借故没时间，要么勉强答应了，却露出不情愿和害怕脏的表情，这就严重伤害了他人。慢慢地，女孩子们都远离他，不爱和他接触了。即便他很帅，很有钱，但这终究不是别人喜欢的本质问题。

于是，大帅哥成了孤独的白马王子。

富家子弟的娇宠难免会产生自私的性格，不喜欢帮助别人，仗着条件好而不懂得体谅别人，而女孩欣赏的是热情大方、勤快的男孩，在这方面张亮要下点工夫了。主动帮助别人，既赢得名声又博女孩欢心，何乐而不为呢？张亮不尊重他人令他在女孩心中的形象大打折扣，因此在办公室里开玩笑，有分寸至关重要。

[耍酷的 80 后]

许巍是80后的新新人类，在一家科技公司负责游戏项目。小许是追赶时尚跟随潮流的城市大男孩，一会儿跟随韩流，扎着花色头巾，穿着肥大宽敞的韩装；一会儿又是街舞男孩的超酷打扮，打一个耳环，戴粗大的手链，好端端的牛仔裤子故意剪了好几个破洞，要不就是一边裤脚高，一边裤脚低。总之，什么流行玩什么，什么时尚跟随什么，用同事们的话说，酷毙啦。

幸好科技公司环境比较宽松，同事大部分是年轻人，也是着休闲装，小许也认为这是自己的个性、自己的风格，觉得没什么不妥。一天董事长忽然而至，看到小许这一身超酷打扮，脸色非常难看，说，我还当我们公司来了夜总会歌手或是街头艺术家呢。小许简直尴尬得恨不得马上换了身上这套行头。

80后的小许玩的就是张扬个性、耍酷，这是个人喜好无可非议，然而，在工作当中就不能这样了。在公司，着装代表了公司的职业形象，也可反映出个人对工作的态度。很难想象，上司会将重要工作交给不注意形象、邋邋遢遢的人去做，甚至个人形象气质会影响到在公司的升迁前途。

所以新潮男生应注意，酷装就留在闲暇时间穿吧，上班时间，还是穿正式点。事实上男生只要一件白衬衣，深色裤子，打领带，鞋子光亮点，气质就出来了。

[扑朔迷离的办公室恋情]

丹是公司新来的栏目策划和资料采编。丹的温柔可人引起了公司技术员嘉的注意。丹对嘉也是芳心暗许，但是她不知道他是不是名草有主，于是两个人在互探心意中玩了个捉迷藏游戏。

明明丹心中已经有了嘉，但是为了试探他的心意，故意对他很冷漠而和公司别的男孩无所顾及地调情，令他痛苦万分醋意大发。更令嘉难于忍受的是，老总也看上丹了，经常当众夸她又聪明又乖巧，还常将重要的文件交给丹处理，俨然当她是私人秘书。公司上下都知道老总对丹的偏爱，甚至流言蜚语说她是老总的情人。

他感到丹偶尔流露出对他的深情，但有时她一本正经的与冷静又令他迷惑不解，不知道她的忽冷忽热到底是什么意思。再加上公司对她和老总关系的传闻，令他坐立不安，疑虑重重。

所以他也故意和同事吹说哪里哪里的女孩如何漂亮，当他指着一个美丽动人的女孩照片半开玩笑地说是他女朋友时，丹努力让自己平静下来，表面丝毫不乱，但是她心中充满了绝望与忧伤。

心有所属的人已经有了恋人，天天看到他对丹来说是无情的折磨，再加上老总的追求，她感到这样工作下去进退两难，所以很快辞职去了深圳。对于丹的突然离去嘉终究放心不下，几经周折找到丹的好友，朋友却说丹留下话说拒绝透露联系方式，嘉终于说出那张照片不是他的女朋友。但是，丹的心已经伤透了，说什么都没用了。

办公室恋情本来就是职场的雷区，很多公司都明文规定不允许办公室恋情。然而如今单身男女一天大部分时间都交给公司，并没有多少时间和机会去结识异性朋友。而且在工作中也会慢慢了解对方并产生爱意，这在许多公司并不少见。

假如是从感情角度来说，嘉和丹都缺乏爱的勇气，都不愿意互相表明心意，反而以冷漠的方式伤害对方，将对方推得更远。在互相试探中局面变得越来越复杂，越弄不清楚，结果只能得出这样的结论，他（她）不爱我，他（她）已经有喜欢的人了，我只好放弃了。都是成年人了，假如是真心相爱，就尝试一些方式去表白，假如有人死要面子也要错过一生的爱人，那真是无话可讲。

当然，办公室恋情的危险在于面临离职，因为不管怎么掩饰，充满爱意的眼神总难逃过厉害角色锐利的观察。弄不好，你们在眉目传情的时候，大家都在看着你们的好戏呢。因此，要谈办公室恋情，必须安排好出路。

职场是大家共同努力创造自我价值的地方，所以，职场新人要学会收敛自我的张扬个性，注意自己为人处世的原则，这样自己才会在职场之路上顺利前行，不会成为职场道路上的失意人。

第六章

高效做事，才能享受工作

有名人说："时间不允许浪费。我们必须高效率工作，活得像明天就要死去一样！"高效率工作，能让我们在最短时间内完成工作任务，并且是高质量。优秀的员工从工作习惯，到时间安排，到执行力，到学习能力等，处处都是优秀。他们从这些方面提升自己，从而提高工作效率。高效率工作，轻松工作，在工作中发现乐趣。同时，节省更多的空闲时间去享受生活。

好习惯成就你的阳光路

我国教育家陈鹤琴先生说:"习惯养得好,终生受其益;习惯养不好,终生受其累。"工作是一项长期且琐碎的活动,如果没有良好的工作习惯做引导,工作将毫无头绪。可以说,习惯决定你的成功。良好的工作习惯,能够提高我们的工作效率,让我们腾出更多的空闲时间,从而享受工作,享受人生。

播种一种行为,你将收获一种习惯;播种一种习惯,你将收获一种性格;播种一种性格,你将收获一种命运。性格决定命运,但是性格是由习惯养成的,所以,习惯决定命运。人与人之间的差别,并不是智力上的差异,很多时候是习惯上的差异。成功者,必定有一个良好的工作习惯。对几百位成功人士的调查显示,当问及失败的可能原因时,几乎每个人都认为"坏习惯是失败的重要原因之一"。

1978年,75位诺贝尔奖获得者在巴黎聚会。大家都是大学者,彼此都非常谦虚,都在一起交流心得。

这时候,有人问一位白发苍苍的学者:"您在哪所大学、哪所实验室里学到了您认为最重要的东西呢?"

学者微微一笑,回答说:"是在幼儿园。"

大家都对这个答案感到意外,纷纷期待下文。这人便又问:"在幼儿园里学到了什么呢?"

学者很欣慰地笑道:"把自己的东西分一半给小伙伴们;不是自己的东

西不要拿；东西要放整齐，饭前要洗手，午饭后要休息；做了错事要表示歉意；学习要多思考，要仔细观察大自然。从根本上说，我学到的全部东西就是这些。"

此话一落，很多大学者无不点头表示同意。

良好的习惯，成就一个人的一生。中国古代著名的思想家、教育家孔子有句名言："少时若成性，习惯成自然。"刚出生的孩子，大多数情况下，无论是生理上还是心理上都处于同一个起跑线上，随着生活环境和后天教育的不同，就产生了差异，其中更主要的原因还在于养成了不同的习惯。而在职场，养成良好的工作习惯，是提高工作效率的关键，是事业成功的助推器。

对于好习惯和工作效率之间的关系，有人做过这样一个实验：

有甲、乙、丙三个人，要求这三个人把颜色各异的珠子按照客户的订单串成项链。现在看他们三个人的表现。

甲，习惯于把所有珠子放在一个大盒子里，需要什么颜色的珠子就去盒子里找，找到一个立刻串起来，接着再找下一个；乙，习惯于把不同颜色的珠子分别放在不同的盒子里，这样在找某种颜色的珠子时就不用从所有珠子里面找了，节省了很多时间；丙，习惯于把不同颜色的珠子分别放在不同的盒子里，从浅到深的固定顺序摆放，并且按照订单的要求先把所需的珠子都配齐并按顺序摆好，然后一次性将项链串起。

实验结果很明显，丙的效率最高，因为他有良好的工作习惯。

可见，良好的工作习惯可以获得事半功倍的效果。平时的工作中，有很多人总是抱怨工作无聊，抱怨工作时感到不快乐。因为他们感觉工作很累，好像每时每刻都在工作，工作却始终没有效率。其实这就是因为没有养成良好的工作习惯。有些人一大早到单位，打开电脑，不是开始工作，而是开始浏览花边新闻，或是和网友聊天。就这样把一天中最能提高效率的时间浪费了。上班期间，也是心不在焉，在电脑上东点击一下，西点击一下，又浪费了时间。到了下班时间，这才发现自己最基本的工作量都没有完成。这样子工作，怎么可能有效率？怎么可能取得事业的成功？在现代社会，企业之间的竞争也是非常激烈，关键在于员工的素质。很多大型企业对员工素质要求非常高，他们认为，有好习惯的员工才会有高效率，才能提高企业的竞争力。

深圳有一家外企招聘管理人员。招聘启事贴出去之后，有很多高学历、身高相貌也不错的年轻人前来应聘。应聘的程序很复杂，但是仍有几个年轻人坚持到了最后一关。这一关是面试，由总经理亲自把关，并且给了他们三天的准备时间。

三天后，这几个年轻人如约来到总经理办公室。总经理笑容亲切地招待他们，给他们一一倒了水，之后看了看手表，说："对不起，我有重要事情要离开一下，10分钟就回来。麻烦你们稍等一会儿。"

总经理离开后，这几个年轻人便感觉轻松了许多。他们东看看西看看，赞叹道："真不愧是有名外企啊，总经理办公室都这么气派！"他们在看的时候，忍不住对办公桌上的东西产生了兴趣，于是就翻看材料。

10分钟后，总经理回来了，还是笑容可掬。不过，他突然很严肃地说："很遗憾，你们没有一个被录取。"他们都纳闷了，还没面试呢，怎么就不被录取了呢？总经理秘书进来带他们出去的时候说："我们公司从来不录取那些乱翻东西的人。总经理对这样的坏习惯非常厌恶！"

培根说："人的思考取决于动机，语言取决于学问和知识，而他们的行动，则多半取决于习惯。"习惯支配行动，坏习惯支配不好的行动，好习惯支配好行动。好的习惯可以使你受用一生，而坏的习惯足以让你痛苦一世。好习惯养成得越多，驾驭自己的能力就越强。坏习惯养成得越多，则越容易使自己放纵。人的一生会有很多机遇，很多机遇也都是因为坏习惯而错过。

良好的工作习惯有哪些呢？比如按时上下班，保持办公桌整洁，制订详细的工作目标和计划，做事分清主次和轻重缓急，合理安排时间，今日事今日毕绝不拖延，自发主动工作，经常保持学习意识，等等。

一个优秀的员工，应时刻保持良好的习惯。他会经常整理办公桌上的文件，不至于在一上班就看到满桌的凌乱，从而产生消极情绪，影响工作效率。他会提前做好计划，把工作理顺，分清轻重缓急和主次繁简，再去实施。他遇到事情不会推脱，处理问题坚决果断，从不拖延。优秀的员工，有很多良好的习惯。他们工作起来有条不紊，不会产生混乱和焦躁情绪，工作效率很高。

杰出的思想家培根说："习惯是人生的主宰，人们应当努力求得好习惯。"养成良好的工作习惯，将成就你事业的阳光路！

合理安排时间
——惜时守时

合理安排时间,是良好工作习惯的表现之一。时间就是金钱,效率就是生命。合理安排时间,让工作有条不紊地进行,才能保证工作的高效率。

鲁迅先生曾说:"时间就像海绵里的水,只要愿意挤,总还是有的。"一天虽然有24个小时,会安排时间的人能做超过24个小时的事情;不会安排时间的人,觉得每天时间不够用,事情做不完,经常感慨:"忙了一天,也不知道忙了什么,时间还不够用。"要想把工作做好,还想用更多时间去享受生活,保证自己的生活质量,这是每个人都希望的理想状态。然而,到底能不能在最短的时间内完成工作任务,这是需要动脑筋的。科学合理地安排时间,有条理地做事,不但使自己轻松自如,还会提高做事的效率,所做的事情才会圆满,才会多一些满意,少一些遗憾。

合理安排时间,在管理学上称为"时间管理",指个人在一定时间内,以正确处事观念,以正确处世方法,善于利用和开发自己的时间资源,全力于自己的目标奋斗,使自己的成就达到最大化。也就是说,成功者都善于管理时间,善于合理安排自己的时间。

首先,培养较好的时间观念和效率意识。

(1)良好的时间观念,就是要明白时间的重要性,要珍惜时间。中国古人就讲:"一寸光阴一寸金,寸金难买寸光阴。"时间是宝贵的,珍惜时间的人能够创造出伟大的东西,或者让自己的人生价值最大化。而不珍惜时间的人，将碌碌无为度过一生，毫无建树。

职场上，珍惜时间的员工，往往能够在有限的上班时间内，超额完成工作量；反之，那些混日子的员工，是踩着点工作，要么昏昏沉沉到下班还完成不了当天的工作任务。事业上走向成功的人，往往就是珍惜时间的人。法国思想家伏尔泰曾出过一个意味深长的谜："世界上哪样东西最长又是最短的，最快又是最慢的，最能分割又是最广大的，最不受重视又是最值得惋惜的；没有它，什么事情都做不成；它使一切渺小的东西归于消灭，使一切伟大的东西生命不绝。"

后来就有一个智者猜出来了。他说："最长的莫过于时间，因为它永远无穷无尽；最短的也莫过于时间，因为它使许多人的计划都来不及完成；对于在等待的人，时间最慢；对于在作乐的人，时间最快；它可以无穷无尽地扩展，也可以无限地分割；当时谁都不加重视，过后谁都表示惋惜；没有时间，什么事情都做不成；时间可以将一切不值得后世纪念的人和事从人们的心中抠去，时间能让所有不平凡的人和事永垂青史。"

对于珍惜时间的人来说，时间就是资本，就是财富，所以他们争分夺秒，与时间赛跑。就如同这个智者所说的"没有时间，什么事都做不成"。当你慢吞吞走进办公室，东张西望，发呆想工作以外事情的时候，你的同事已经在努力工作了。突然有一天，你的这位同事晋升为你的上司，这时候你才后悔起来：当初怎么不重视时间，让他人走到了你的前面。但是，时间是追不回来的。

（2）良好的时间观念，还包括一定要守时。守时是中华民族的美德，是做人最基本的素质。生活中，守时是一个基本的礼节。在职场，守时是职业道德的一个基本要求。

生活中，我们都有这样的体会，最不喜欢接触不守时的人。与朋友约会，在约定时间却看不到他的人影。守时就是遵守承诺，按时到达要去的地方，没有例外，没有借口，任何时候都得做到。即便你因为特殊原因不得不失约，也应该提前打电话通知对方，向对方表示你的歉意。这不是一件小事，它代表了你的素质和做人的态度。如果你对别人的时间不表示尊重，你也不能期望别人会尊重你的时间。

职场中，我们也必须注意守时。如果你是新人，去参加面试，守时是你最基本的礼节。不管你有什么样的理由，面试迟到，你就一点机会也没有了。一个不守时的人，就会被视为缺乏自我管理和约束能力，即缺乏职业能力，这样的员工没有公司会欢迎。面试守时，还包括不宜提早进入面试办公室。因此，你参加面试时，可以提前10到15分钟到达面试地点，之后可以在附近等候，等到公司通知面试时间的前几分钟再进办公室。

其次，安排时间要按照事情轻重缓急的顺序。

每天的工作内容有可能是重复的，但是并不是固定的，领导所给的任务也不是每天都相同的。在上班这段有限的时间内，我们要分清事情的轻重缓急，分清主次，安排哪个事情先做，哪个事情后做，哪些是在某一时间内必须完成的，哪些是当天时间内完成的，哪些是可做与不可做的，等等。然后就一件一件地完成，不要同时进行多个工作，否则你就会顾此失彼，而且总感到时间不够用，下班回家时觉得累得精疲力竭却又好像还有很多事没有做完。要尽量今日事今日毕，不要让今天的尾巴影响到明天的工作计划。

再次，做好工作之外的时间安排，也就是留些"机动时间"。

我们的日常工作之外，还有可能发生一些突发事件。我们不要把每天的时间全部安排成日常工作，可以留出一些"空"时间。如果出现意外情况，我们就不至于不得不中断日常工作，去处理意外事件，从而影响我们正常的工作计划。如果没有意外情况，我们可以在这些机动时间里与同事交流一下感情，活跃一下气氛。这样，我们就可紧张而又不失轻松地完成一天的工作，从容面对明天的挑战。

最后，安排时间要有主动性。

时间是公平的，每个人每天都有24个小时。时间的长度是相同的，时间的宽度掌握在我们自己手中，安排时间需要我们主动去动脑，多做一些时间计划。不要被动地等待工作来临，被动地等待突发事件。同样的工作，有的人做的得心应手，工作很轻松；有的人却手忙脚乱，无时无刻不在想工作、干工作，结果什么事也没有做成。懂得合理安排时间的员工，会主动地把工作和时间调整好，灵活运用时间。

对于如何合理安排一天的工作时间，这里有一些小小的参考建议：

1. 每天上班第一件事就是把当天要做的事都列出清单。清单包括公务和私事两类内容，把它们记录在日历本上。工作过程中，要经常查阅，以防遗漏哪些事情。

2. 接下来几天内要做的事情也列在清单上。这些事情，不仅在当天计划清单中有，在接下来的计划清单中也要有，从而能使自己对工作进度有一个总体把握，也就能合理安排每周的工作时间。

3. 记住工作当天或近期的会议或聚会事项，包括时间、地点、大致内容。

4. 做一个月的清单，记下本月和下月需要优先做的事情。

时间安排也是需要我们多费心的，不要让大量的时间从指缝中白白溜走，可能本身30岁之前可以完成的事业目标，因为我们不懂得时间管理而完成不了。管理好自己的时间，也就是管理好自己的事业。

今日事今日毕
——绝不拖延

古人有句话说得好："今日事今日毕。"也就说今天的事情必须今天完成，不要一而再，再而三地推到明天。对于当天的任务，我们要保质保量地完成。否则，我们今天的工作会制约明天的工作，明天为了赶今天的工作就会使我们更加疲惫，不仅降低效率，而且可能会又拖到下一天，形成恶性循环。拖延必败！

人是有惰性的，无意识中都喜欢推脱。明明当时就可以做完的事情，就是因为惰性和各种其他的借口，把事情延误了。

小王和小刘是邻居。他们住在城市东郊的一个小区里，同一个单元，都在一楼。自从他们买了房子之后，他们两家人的关系就一直很好。

小区环境很好，亭台、假山、阁楼都有。两家的小孩子都才三四岁，正是爱玩的年龄。从幼儿园回来，两个小孩子就跑出去玩。但是，一楼那里有堆破木板，上面有钉子什么的，也不知道是哪家装修房子剩下的。小孩子又喜欢拿木板玩，非常危险。

一天早上，上班的时候，他们出门碰到了。小王和小刘便商量哪天一起把破木板扔到外面。"那些人实在太不负责了，也不见有人搬走。"其中一人说。

"是啊。我们哪天把这些破东西扔出去吧。小孩子玩太危险了。"另一人说。

他们商量好就各自上班了。

几天后正好周末，两人出门又碰到了。其中一人说："明天正好不上班，我们一起把这些东西给处理了吧。"

另一人说："明天……我还有别的事情要忙，等下一次吧。"

就这样，又是一个周末到了，一谈及此事，他们都会有一些意外的事情要去处理。那堆破木板依然躺在那里。小孩子还是会拿木板玩，孩子的妈妈们偶尔会阻止。

终于有一天，两个小孩子在玩木板的时候，其中一个脚踩上了钉子……

本应该今天完成的事情，就今天完成，不要拖到明天。明日复明日，明日何其多！很多不应该发生的结果，就在拖延中发生了。明明今天可以把工作任务完成的，却因为拖延的恶习没有完成，导致公司业务受损。

今日事今日毕，这是几乎每个企业对员工的基本要求。喜欢拖延的员工，最让老板厌恶。

2004年，《财富》评出的全球500强中排名第二的埃克森-美孚石油公司（Exxon Mobil，亦称埃克森公司），同时被《商业周刊》评出的50家标准普尔表现最佳公司占据第二十三位。这家传统企业，在2003年，利润为215亿美元，比2002年增长91%，股东回报达到115亿美元。

一个蓬勃发展的企业，不仅跟所在行业前景有关系，更跟企业经营理念有重大关系。企业经营理念，关系到员工各方面的素质。有做事高效率、做人高素质的员工，企业的利润必定高。就像埃克森-美孚石油公司，2003年之所以成为美国最赚钱的公司，就与这家公司秉持的"绝不拖延"准则有关。

"绝不拖延"，是埃克森-美孚石油公司的员工行为的重要准则之一。这一准则的执行，使其所有的工作都可以说"没有延误哪怕半秒钟的时间"。他们在"绝不拖延"的理念指导之下组建了效率速度部。这个创意来自于一级方程式车赛（Formula One，缩写为F-1），创意人约翰·丹尼斯先生在提出这个方案的时候曾经说过：每场F-1比赛吸引10亿多人次的观众，可以说是见证了高效率几近无敌的魅力，也论证了推行"绝不拖延"观念的现实必要性。

约翰·丹尼斯先生的办公室中有一块全数字电子白板，上面有这么几行字：

绝不拖延！

如果我拖延下去，我将会怎么样？

如果将工作拖到以后再去做，那么会发生什么？

约翰·丹尼斯先生说："绝不拖延，我们就可以轻松愉快地生活和娱乐。避免拖延的唯一方法就是随时开始行动，而随时开始行动，首先必须认识到自己工作的重要性。另外必须记住的是，没有什么人会为我们承担拖延的损失，拖延的后果只有我们自己承担。如此一来，我们就可能在一个庞大的公司里，创造出每一个员工都不拖延哪怕半秒钟时间的奇迹。"

绝不拖延哪怕半秒钟时间！因为不拖延，才更有效率完成自己的工作，从而腾出更多时间去娱乐。绝不拖延的理念，并没有让员工紧张严肃工作，反而让他们在高效率完成工作之后更轻松享受生活。

工作是项烦琐的活动，每天都有每天该做的事情。特别是当工作忙的时候，要做的事情也就会变多了，看到眼前的一切，不知从何下手。有人便偷懒地想："等一下再做。"就这样把一件件给推了下去，到了晚上，才发现自己还有很多的事情没有做完。第二天再继续背着前一天未完成的事情来工作……如此工作，不仅工作量难以完成，而且工作一直处于慌张的状态中，即使完成，工作质量也不会好到哪里去。

因为拖延，我们无法完成工作任务。为了掩饰，我们便去找各种各样的借口。久而久之，会使我们丧失主动的进取心。一旦遇到事情，我们就有推脱的念头，很容易再次拖延，直到它们变成一种根深蒂固的习惯。存心拖延的人，总是有成堆的理由和借口为自己开脱，把"事情太困难、太昂贵、太花时间"的种种理由合理化。上班迟到了，会说"看错了表"，"路上堵车了"等；任务没完成，会说"别人不配合"，"我已尽力了"等。只要有心去找，借口总是有的。但是我们要知道，借口除了掩饰自己的过失，并不能为企业和员工个人带来任何好处。

拖延，让惰性滋生。现实工作中就是有着那么一种惰性极强的人，他们通常以"与世无争"为理由，消极地对待工作。这种员工没有进取心，不愿意去参与竞争，工作表现也是一种懒惰。不知道他们是否清楚自己的弱点，是否知道克服惰性的办法只有勤俭、刻苦、积极和奋斗。惰性是人性的弱点之一，每个人或多或少都会有这样的弱点。一个想要成功的人，就必须想法设法克服自己的惰性。

绝不拖延、克服惰性最好的解决方法就是行动。当你真的着手做一件事时，你会惊讶地发现，你正迅速地改变自己和所处的情况。行动未必总能带来幸福，但没有行动却一定没有幸福。搁着今天的事不做而想留到明天做，在这个拖延过程中所耗去的时间、精力，实际上能够将这件事做好。每个人做以前积压下来的事时，都会觉得不愉快和讨厌！在当初可以很愉快、很容易地做好的事，拖延了数日、数星期之后，就会显得厌烦而困难了。既然这样，还不如在事情发生的当时就把它解决掉。

在这个瞬息万变的社会，喜欢拖延的员工将最终被淘汰。喜欢拖延的人，也最终被时代所淘汰。命运无常良缘难。人的一生中，会遇到很多机会。这些机会本身就是一瞬即逝的，有拖延恶习的人，总是想着明天再去抓住，就丧失了好多机会。我们有很多理想，很多憧憬，为什么到头来都没有实现过？有的人可能说没有合适的机会。错了！我们有憧憬不能抓住，有理想而没有实现，有计划而没有执行，原因就在于拖延。因为拖延，我们坐视这些憧憬、理想、计划——幻灭和消逝。很多成功人士，他们成功的秘诀之一就是能抓住良机，继而立即行动。

　　成功者用眼光看未来，用眼睛看脚底下。怀抱着美好的理想，从脚下开始出发，开始行动，终能到达理想的彼岸。我们要把握今天，今天事情今天毕，明天还有明天的事情等着我们。在今天有限的时间内高效率完成我们的工作任务，留更多时间去享受生活！

为结果而战的执行力

企业为执行策略遇到困难而迷惑的问题屡见不鲜，很多优秀的战略付之东流，经理们成了思想家而业绩却没有提升，会议总是议而不决、决而不行、行而无果……这个问题已不是某个人与某个团队自己的问题，而是整个环境的问题——把执行当作行动过程而非追求结果。

有一个小和尚担任撞钟一职，半年下来，觉得非常无聊，"做一天和尚撞一天钟"而已。

有一天，主持终于宣布调他到后院劈柴挑水，因为他不能胜任撞钟一职。

小和尚非常不服气地问："我撞的钟难道不准时、不响亮？"

老主持耐心地告诉他："你撞的钟尽管很准时，也很响亮，然而钟声空泛，没有感召力。钟声是要唤醒沉迷的众生，所以，撞出的钟声不仅要宏亮，而且要圆润、浑厚、深沉、悠远。"

在很多企业中，像小和尚这样的职员特别多，抱着"当一天和尚撞一天钟"的心态，单单是完成任务，没有真正为企业创造结果。假如你去拜访一家公司的总经理，当你走到公司的前台，便咨询总经理办公室的具体位置，而这位前台接待人员正在织毛衣，没有抬头而是用手一指。虽然你知道办公室的位置，但你感觉舒服吗？由此便开始怀疑这家公司的服务态度与管理水平能否生产出好的产品。从这个角度来说，接待人员不但没有为公司创造价值，而且还损害了公司的利益。

为什么我们的员工会是这样的执行逻辑呢？看下面的例子，你也许就会明白了。

小王接到经理的命令买一本《为结果而战》书时，是早上的八点钟，刚好是上班时间就去市场购买此书，一直到下午五点，也就是公司下班的时间，小王才回到公司。他累得浑身无力地跑到经理的办公室说，今天从早上八点一直到下午五点钟，跑遍了所有的大小书店，已经尽力了就是没有找到经理要的书。当出现这种情况时，我们假设小王是按日薪领薪水的，请问是否要给小王发当日的薪水？

作为职员，你一定会立马回答当然要发薪水了。如果第二天经理要求跑腿公司代买这本书，但是第二天的下班前跑腿公司打电话告诉经理说，他们花了一整天的时间去买这本书，结果也没有买到。请问这种情况经理是否要给跑腿公司付报酬呢？我想这个时候大家会肯定地回答不要，因为跑腿公司并没有买到经理要的书。

情况截然相反了，同样的一件事情得到同样的结果，但是因为两个不同的人去处理，对要求付报酬的态度却截然相反。为什么呢？

这显然非常的矛盾。从买书这件简单的事情中，可以发现企业内部存在的是"苦劳"逻辑。也就是说，只要按时上班，该走的程序走了，该说的话说了，对于有没有创造企业需要的结果并不重要，就算没有功劳也有苦劳。

而在外部市场，企业是按照"功劳"的逻辑，凡是给客户提供的任何产品和服务都是按照实际价值或预先谈好的报酬付费，只要未达成预定的结果，就是无效的。无论你多么劳累，企业也不可能对客户说因为加班加点地工作，并投入了大量的人力、物力、财力才完成这个订单，所以要多付些报酬！如果企业遵循的是功劳逻辑，那会怎样呢？

企业的本质是赚取利润，没有利润的企业不是真正的企业。利润从何而来？利润是由企业的员工创造的，每个员工只有在每天的工作中创造价值才会有利润。那么创造价值成了员工工作的底线。

执行的结果是什么？执行的结果是指透过某种手段来创造价值的行为与结果。它具有可衡量性。没有创造价值的执行是无效的。

经理让小王去买明天出差的火车票，一个小时以后，小王回到了公司，对经理说："经理，火车票都卖完了！"经理问："结果呢？"他的回答依然是卖完了。

于是，经理又让小李去买火车票。同样，一个小时以后，小李回来了。小王急忙确认："小李，火车票买到没有？"小李说："没有，的确卖完了。"小王一听放下心来，心里暗自想着：经理，小李不也没买到吗？小李同样到办公室报告经理。

但是很奇怪，不到五分钟，经理让小王进去，批评他说："你看看小李是怎么办事的？"小王很迷惑：哪里不一样呢？小李不是也没买到火车票吗？这个时候，经理说："小李总共列了四种方案：第一种：从票贩子手里可以买到五张票，不过每张要多一百元。第二种：托朋友关系，可以让列车员同志送上车。第三种：坐豪华大巴每人需要一百元。第四种：可以坐飞机，机票1200元/张。同时，小李建议坐豪华大巴，既经济又实惠。"

小李认真思考过经理购车票的目的，是为实现明天顺利出差，所以他必须尽最大能力买到票。但是实际上很多人在做一件事情的时候，没有真正思考过做这项工作的目的是什么，因此一旦遇到困难时，就没有结果了。假如经理要给他们其中一位加薪水，会给谁加呢？估计大家心里已经有答案了。因此，每当有人提出要加薪水时，请反问他：你的工作为企业增加了哪些价值？创造了哪些不同以往的结果？以此判断是否该加薪水了。

执行的目的是要创造结果，企业要的结果是利润最大化或与利润最大化相关的结果，没有结果的执行没有任何意义，更可怕的是它还可能浪费公司的资源。

生产人员的工作结果是什么？提供客户需要的产品。品质合格、数量准确、交期一致等。不管你多么辛苦，加了多少夜班，费了多少材料，只要未提供客户满意的产品，都不是企业想要的结果。没有客户会因为你多加班而给你补偿。相反，你还要承担相应的责任。销售人员的工作结果是什么？为企业创造利润。无论你拜访了多少客户，打了多少电话，熬了多少个不眠之夜，只要没有销售出去产品，没有为企业提供有价值的结果，都不是企业想要的。你依旧是负债。假如公司的客户服务人员，每天给客户打电话，但没有解决客户的问题，导致客户服务流于形式；如果公司的管理人员，每天按照上级的指示，把工作任务下达给下属，而下属依然不知如何操作。

这是执行吗？不，执行是有结果的行动。解决客户问题并让客户满意是有结果的执行；管理人员提供有结果的执行是让员工高效工作并创造最大价值。如果员工只注重过程，交代的事情办了，该走的程序走了，这种现象必然会导致企业执行力低下。

一个企业如果真想建立企业执行力，那就必须倡导结果文化，任何事情以结果说话。挖井的结果是什么？挖出可用的水源。假如上司让你挖井，结果你挖了几个坑，无论你有多累，这都不是上级想要的结果。发传真的结果是什么？确保对方收到清晰的内容。上级让你发传真给客户，传真是发了，可是客户没有收到。原因是传真机的问题或客户方收到传真而没有人及时递交给当事人，无论什么原因，都不是上级想要的结果。因此发传真需要与对方当事人确认，才表示你实现了结果。

所有没有达到最终所要结果的行为都是毫无价值的。员工靠提供好的结果换取薪水，企业靠提供好的结果创造利润。没有利润的企业是社会的负债，没有创造好结果的员工是负债员工，资产性员工能够为企业提供所需要的结果。卓越企业依靠的是为国家和社会创造最大价值而不断发展的。

所有企业的发展，只与你创造结果，换取你所需的价值有关。无论是市场不景气，还是团队不好管理，都不是你不提供结果、不创造价值的理由。

不断学习，时刻充电

有人说，职场如战场。虽然职场没有战场那么残酷，但是优胜劣汰的法则是职场人士不得不接受的。不要以为我们目前找的这份工作还可以，就感觉高枕无忧了。要知道逆水行舟不进则退，在竞争激烈的职场，不行进的话，迟早要被淘汰。如何"行进"？就是要学习，即所谓的充电。只有不断地充电，不断地学习各种技能，才能在职场中游刃有余。

职场上，何谓"充电"呢？电器以电为能量，在不断转换成其他能量的同时也在损耗着电能，如果不及时补充，那么它就会失去功用。人好比是一个电器，在不断的业务发展中创造价值，同时面对不断出现的新问题和新阶段，自身的知识结构和经验也逐渐在老化和衰退，因而必须要不断地自我增值，否则就如同没电的电器一般失去了价值，逐渐被淘汰。时刻保持充电意识，时刻去充电，也就是通过学习各种技能，不断地自我增值，从而适应自己的职位，或者更高职位的要求。

21世纪的人才，重要的不是你现在拥有多高的学历，懂得多少专业技能，更多的企业重视员工的学习能力。也就是说，随着时代的发展，员工的知识水平也要发展。企业评价一个员工能否胜任工作，很大程度上结合了这个员工的学习能力。如果这个员工主动学习，善于学习，他就会不断成长，很快就会胜任自己的岗位。这个胜任力是一种动态的能力。可能你现在胜任这个岗位上的工作，但未来不一定还能胜任这个岗位；可能你胜任这个岗位上的工作，但不一定能适应另一个岗位上的工作；可能你胜任这个层次上的工作，但你不一定能胜任另一个层次上的工作。所以，一个时刻保持充电意识，善于学习的员工，才不会在激烈的职场竞争中被淘汰。未来的职场竞争将不再是知识与专业技能的竞争，而是学习能力的竞争。一个人如果善于学习且乐于不断学习，他的前途会是一片光明。所以，学习能力决定你的职场竞争力。

正如衣物、日常用品、车子和房子这些东西会随着岁月的流逝不断折旧一样，我们所赖以生存的知识、技能和观念，也会随着时代的发展，而跟不上潮流发展的步伐。而今的社会，人才济济，即使你拿着高学历，也可能随时被别人超越。只有不断地学习，才能让你保持竞争的优势。

美国职业专家指出，现在职业半衰期越来越短，所有高薪者若不学习，再过5年就会变成低薪者。当10个人中只有1个人拥有电脑初级证书时，这个人的优势很明显；当10个人中已有9个人拥有同一种证书时，他原来的优势便不复存在。

这个世界没有百事通，任何人都有自己的缺陷和相对较弱的地方。也许你在某个行业已经满腹经纶，也许你已经具备了丰富的技能，但是对于新的企业、新的经销商、新的客户，你仍然是你，没有任何的特别。你需要用空杯的心态重新去整理自己的智慧，去吸收现在的、别人的、正确的、优秀的东西。这也是充电。

在企业里，我们应该把工作视为学习的殿堂，千万别因为自己的职位看起来比较安稳，就放松了学习。在瞬息万变的现代社会里，"学习"是能够助我们开创出一番天地的最大利器。

戴尔电脑公司主席迈克尔·戴尔说："如果说除了生命之外，我们还有一样东西不可放弃的话，那就是学习。"用手机的时候，我们不能等电耗完了再去充，而是时刻想着去充电，否则手机便因为没电而关机。就如同吃饭，不要等到饿了再去吃，那么我们会因缺乏能量而感到身体不适。职场充电也是一样，书到用时方恨少，不要等到需要某方面知识的时候再去恶补，而是要时刻保持学习意识。在形势瞬息万变的今天，唯有不断地学习，你才能有竞争力；唯有不断地钻研，你才能站稳脚跟；唯有不断地提高，你才不会被别人超越。

19世纪的文盲是不识字者，20世纪的文盲是不会用电脑者，21世纪的新文盲则是不懂再进修、再学习道理的人。要时刻保持充电意识，严格执行自我规划的进修充电计划。充电之后，要学以致用，高技能才让工作更有效率。

团队合作，让你事半功倍

能让1+1≥2这个公式成立，最有效的方式就是团队合作。团队的力量，永远大于个人的力量。一个工作高效率的员工，一定懂得团队合作的秘诀。团队合作就是竞争力。随着市场竞争的日益激烈，企业更加强调员工的团队精神，建立群体共识，以达到更高的工作效率。

我们从小就知道"团结力量大"的道理，我们也听过十根筷子的故事，一根筷子很容易就折断了，十根筷子放在一起就很难折断。在职场，一个项目的完成，不是哪一个人的力量，而是大家的功劳，是团体的功劳。职场上，"独行侠"不是没有，他们每天拼命工作，金口很少开，他们付出的比别人多，但是工作能力却一般，工作业绩也一般。这个社会不需要"独行侠"，一个不懂得团队合作的员工，迟早要丢饭碗。单打独斗的时代已经结束了，取而代之的是团队合作。

在南非洲的草原上，有这样一幅场景感动了很多人：

南非洲的草原上，天气酷热，热得让每一种生物都难以呼吸。这个时候，山坡上的草丛突然起火。草丛下面有无数的蚂蚁群，它们发现这场大火后惊慌失措。它们不断地寻找没有熊熊大火的地方躲避，但是火太大了，在风的助推下，火的包围圈越来越小，渐渐地，蚂蚁似乎无路可走。

观察者以为这群蚂蚁可能就此全军覆没了，然而，出人意料的事发生了：蚂蚁们迅速聚拢起来，紧紧地抱成一团，很快就滚成一个黑乎乎的大蚁球，蚁球滚动着冲向火海。尽管蚁球很快就被烧成了火球，在噼噼啪啪的响声中，一些居于火球外围的蚂蚁被烧死了，但更多的蚂蚁却绝处逢生。

外围的蚂蚁死了，但是更多的蚂蚁活下来了。这些蚂蚁的感人之处，就是它们为了团队的利益不顾一切，甚至牺牲自己。只有团结起来，发挥团队的力量，才有希望活下来。如果脱离团队，一点活下去的希望都没有。

没有团队合作意识的员工，不受老板的欢迎，也不受同事的欢迎。团队合作非常重要，例如，8个人划的赛艇、9个人打的棒球、6个人打的排球、11个人踢的足球，左右胜负的关键都在于合作。有趣的是，假如合作不好，那么，尽管有一两个明星选手也未必能够获胜。

在美国，有一支登山队，其中有个队员叫杰克。他不但有着良好的体魄，还有着良好的登山技术，在登山队里很受领导的重视。

每次登山的时候，杰克都走在队伍的最前面。很多次，为了帮助队友，走在最前面的杰克又不得不返回来。但是不久，他又走到了最前面。无数次这样的返回，不但消耗了他的体力，也影响了他的登山成绩。

对于杰克来说，影响他的登山成绩，是他最无法接受的。他梦想成为一个最优秀的登山运动员，但是总是这样为了帮助其他队友而影响自己，实在不值得。于是，杰克便改变了。

那一次，是他们登山队向美国本土的最高峰发起了进攻，那就是海拔4421米的惠特尼峰。惠特尼峰位于加利福尼亚中部的红杉树国家公园，山峰西南260公里处是太平洋，山峰东面120公里处是美国的最低点——海平面以下86米的死谷。从死谷到惠特尼峰顶，地图上标写着美国大陆最低和最高的两个极点。这次登山将关系到每位队员的前途。杰克在登山前，就做好了独自登山的准备。他告诉自己，一定要在这次登山中脱颖而出，做出不平凡的成绩。

杰克独自出发后，不久便收到了要求返回的信号，可是，他却咬咬牙，没有回头。尽管要求返回的信号不断，但杰克一次也没有回复。是的，杰克的登山技术是很优秀的。没有多久，他就登上了峰顶。杰克感到非常自豪。

然而，惠特尼峰的地理位置告诉杰克，这里是不安全的。果然，不一会儿，可怕的海啸发生了，海啸带着雪崩接踵而至。此时从惠特尼峰到死谷，都潜藏着巨大的危险。其实，在杰克开始登山的时候，登山队已经接到海啸预警了，他们也给杰克发出了返回信号。可怜的杰克，被雪崩抛在半山腰。

登山队其他队员接到海啸预警之后，就知道杰克肯定会遇到危险。他们冒着生命危险登山，终于找到了杰克。到医院之后，杰克被诊断丢掉了一条腿。怀抱着成为优秀登山队员梦想的杰克，因为独自行动永远失去了登山的机会。

没有完美的个人，只有完美的团队。只有团队发展了，个人才能更好地发展。只有公司发展了，员工才有更好的发展前途。奉行单独行动的员工，最终只能是害了自己。

一加一等于二，这是人人都知道的算术，可是用在人与人的团结合作上，所创造的业绩就不再是一加一等于二了，而可能是一加一等于三、等于四、等于五……所以，我们才说$1+1 \geq 2$。企业重视员工的团队合作精神，很多企业也着重培养员工这方面的能力。

微软中国研发的总经理张湘辉博士说："就招聘员工而言，我们有一套很严格的标准，最必要的是团队精神。如果一个人是天才，但其团队精神比较差，这样的人我们不要。中国IT业有很多年轻聪明的人才，但团队精神不够，所以每个简单的程序都能编得很好，但编大型程序就不行了。微软开发WindowsXP时有500名工程师奋斗了2年，有5000万行编码。软件开发需要协调不同类型、不同性格的人员共同奋斗，缺乏领军型的人才、缺乏合作精神是难以成功的。"

　　作为一名员工,我们要明白,个人利益与公司利益是统一的,只有与其他成员团结起来,处处为公司的利益着想,才能谋求我们个人的利益。懂得合作的员工,能够结合其他成员的优势,弥补自己做得不足或者不够的地方,提高自己的工作效率。

第七章

阳光健康，更好地享受工作

工作占据了我们生活的大部分，也影响了我们的生活。我们工作，在一定程度上是为了享受生活，但是很多人却因为工作而影响了自我表现与个性表达，甚至影响了自己本来健康的身体。没有好的心情，没有了健康的身体，事业将无法继续。没有健康的身体，工作简直是一种折磨。一个人没有病的时候，体会不到健康的重要，一旦身体有了病痛，特别是日夜遭受病痛的折磨，才发现健康于我们有多么重要。所以，在工作的时候，我们要从各个方面保持良好的心情、保养健康的身体。

职场白领着装跟风"杜拉拉"

《杜拉拉升职记》的播出将职场时尚演绎成一个真实的话题,然而,并不是每个职场环境都需要时尚的装扮。所以,化妆也要适合自己工作的环境,盲目地跟风只会弄巧成拙。

[女教师衣着青春被指"嫩"]

"我到现在还在思考究竟穿什么样的衣服去给学生上课最好。"去年毕业于北京某大学的小夏在南宁一所高中教英语,学生们虽然很喜欢这位朝气蓬勃的老师,却常常拿她的着装说事儿,"老师,别穿得和我们一样好不好,让大伙儿误以为您跟我们是同学呢!"

原来,小夏依旧保持着大学里的着装风格,挑选的服装相对休闲随意,看上去就像个学生,与"OL(Office Lady,即办公室女性)风格"的女老师相比,成熟不足,稚气有余。

作为一个年轻漂亮的女老师,着装却是个令小夏十分纠结的问题,"穿得很正式吧,我觉得不舒服,也太老气,打扮一下吧怕高调,不打扮吧怕土气。"纠结之余,"没时间打扮"也是客观的障碍,小夏算了算,每天早上6时起床,6点20分就要出门,假如要精心装扮一番,只能压缩宝贵的睡眠时间。

对于"不断思索"穿衣风格的小夏而言,外企职员的穿着打扮又让她非常羡慕，"那才是生活啊！"小夏经常这样感叹。

[为了打扮变成"月光族"]

余小姐毕业于名牌大学，大学毕业以后顺利地被一家公司录取为人事经理，在大家羡慕的同时，余小姐却高兴不起来，因为工作的辛苦只有她自己知道。

"我们老板十分在意女员工的着装，直接点说，他就是喜欢下属穿得既漂亮又性感！"余小姐叹口气，为了引起老板的注意或者得到重视，公司里的女同事们的穿衣打扮用"争奇斗艳"来形容都不为过。尽管余小姐自己本来就是爱打扮的"潮人"，但要把税后3000多元的工资悉数投入于"置装"，让她感到异常郁闷。

前不久，公司有一个去总部工作的机会。这次让余小姐非常的愤怒，老板选择人的标准，不是依靠能力和业绩，而是喜欢谁就选谁。这让余小姐顿时明白了，平时单位的女同事为什么特别注意自己的形象，此时的她感到彻底的心灰意冷。尽管在职场上，形象占有一定的比例，但是如果完全以此作为评比工作的标准，那么，这样的工作环境是不会有前途可言的。

[内在品德修养不可缺乏]

"想要在职场取得胜利，个人的穿着和工作才能、人脉一样重要。"就业指导专家表示，身处职场的时候，每位职场人士首先要做的就是表现自己，这首先表现在如何穿衣装扮上。

对于即将毕业的大学生，初入职场时必须要在衣着上投资，选择适合自己的职场服装来包装自己,要以端庄优雅作为基本形象的标准。从而可以顺利地进行面试,顺利地进入职场。

有许多刚进职场的大学生在职场着装上一味寻求所谓的潮流,一味地寻求出位、吸人眼球。就此,专家表示,校园与职场是两个不同的场所,在职场上要把得体慷慨的一面表现在上司、同事以及客户面前,任何时候专业慎重绝对要比时兴炫目重要很多,而且不同行业有不同的服装尺度,要弄明白自己任职场合的企业文化与作风。

当然,时装名牌是不符合职场女性的生活标准的,因此,职场人只要本着"简洁自然"的原则,打扮的得体即可。千万不要过分花里胡哨,降低自身的品位和修养。虽然得体的职场打扮能给人留下深刻的印象,但这只是成功的外在辅助品,内在的修养和极强的工作能力才是最主要的,只要做到内外兼修,才能成为职场真正靓丽的人。

盲目跟风的打扮就是"过犹不及"的做法,不仅不能为自己加分,同时还会降低自己的品位。

职场男士亮点着装

在衣服与化妆的问题上,好像永远都与女生紧紧地联系在一起,然而职场生活中还有一部分人就是男士,他们同样需要遵循职场服装礼仪。

许多企业对男士的工作要求中有一条:工作时间请穿着正装。那么,什么是正装呢?对于很多刚刚毕业的同学来讲,可能是一个熟悉而又陌生的词汇。顾名思义,正装就是正式场合的装束,而非娱乐和居家环境的装束。具体而言,男士正装应当有以下5个特征:

"三色"原则:"三色"原则是在国外经典商务礼仪规范中被强调的,国内著名的礼仪专家也多次强调过这一原则,简单说来,就是男士身上的色系不应超过3种,非常接近的色彩视为同一种。

"有领"原则:正装必须是有领的,无领的服装,例如T恤、运动衫一类不能称为正装。男士正装中的领通常体现为有领衬衫。

"钮扣"原则:通常情况下,正装都是钮扣式的服装,拉链服装通常不能称为正装,尽管有些夹克比较庄重,但是在正式场合也不能算是正装。

"皮带"原则:男士的长裤必须是系皮带的,通过弹性松紧穿着的运动裤不能称为正装,牛仔裤自然也不算。即使是西裤,假如不系腰带就能很规矩,那也说明这条西裤腰围不适合你。

"皮鞋"原则:正装只能搭配皮鞋,运动鞋和布鞋、拖鞋是休闲时候的首选。原始的正装皮鞋是系带式的,但是随着时尚的变换,无带皮鞋也成为了商务人士的首选。

[常见的正装体现]

最普遍的男士正装，是我们经常在白领们身上看到的"衬衫+西服+领带+西裤+皮鞋"，事实上，在夏天只穿着衬衫和西裤也是正装的体现，立领的中山装样式西服也属于正装范畴。或许你要说"我看见很多著名的企业家，连在电视上也是穿着休闲装，例如张朝阳、比尔·盖茨"。你说的没错，但是不要忘记，读者并不是针对他们这样的人群，假如你有一天也到了这样的地位，你尽可以按照你的想法彰显个性。假如你依然是一个我们所说的初入职场的菜鸟，那你还是老老实实地穿着正装吧。

[关于衬衫]

衬衫是男士正装不可或缺的组成部分，构成整个男士正装的亮色部分基本上依靠的是衬衫。俗话说"白领男士没有一打以上的衬衫，根本无法出门"。但也足以体现了衬衫的重要性。衬衫通常被分为休闲衬衫和正装衬衫，这里讨论的是后者。

按照国际标准，上等的商务衬衫应当是亚麻或者纯棉面料的，各种网络上的文章一般也这么描述，这就给许多人造成了一种印象，只要是纯棉的就一定是好的。事实上，这是一种误导。高端商务衬衫的售价一般在100美元以上，国内售价也在500元人民币以上，这类衬衫做工精良，而且含有某些高科技成分。但是即便如此，它们由于采用纯棉或者亚麻面料，也摆脱不了易皱易变形的特点。假如要保持刚刚买回来那样的笔挺效果，那必须要有良好的护理，例如干洗、手洗，而不能机洗。更重要的是，每次洗涤之后都必须要经过熨烫。

由于买得起这类衬衫的用户通常也花得起这样的成本，因此他们的衬衫总是光鲜亮丽笔挺。而刚刚工作的学生朋友，口袋里没有很多的银子，通常只能购买相对低价的衬衫，并且也不可能干洗和熨烫，所以纯棉或亚麻衬衫很快就会皱得不成样子，不明事理者还照常穿着，实际上引人笑话。

因此，专家认为最适合你的，是第二种面料，即纯棉+涤纶混纺。而这其中又以棉涤比例为7∶3到6∶4之间的为最佳。这类面料，有着涤纶面料抗皱、免熨的特点，能够随便机洗，同时也有着纯棉面料类似的良好的视觉质感。能够适应你需求一定的档次，而又希望维护简单的想法。

总而言之，职场中的男士朋友，选择适合自己的衣服，就会简单、帅气，为自己加分。

职场着装颜色巧搭配

"黑、白、灰"无疑是职场着装的色彩统领者,你既可以说它经典、大方,永远穿不出错,又可以说它沉闷、枯燥,没有新意,就像再度降临的冬日。

新时代的职场人已经慢慢地抛去了沉闷的颜色,他们选择亮点的配饰,选择鲜亮的颜色,让自己除去了枯燥的黑、白、灰。这为你的职场点燃了希望的色彩,为你的职业性形象加分。

[入门级　重点色块　从容掌握]

假如你对色彩搭配不是那么有信心,最好先在"黑、白、灰"的大环境里尝试加入一种颜色,比如红色、蓝色或者紫色,这些色彩较适合东方人的肤色,既能起到令人眼前一亮的醒目效果,与黑、白、灰的搭配又安全稳妥,易于掌握。

酒红色并不张扬,但是却很浓郁高雅,能够凸显你干练而沉稳的职业气质;搭配黑灰色的皮草披肩,平添几分高贵之感;黑色九分裤和及踝短靴的组合,更显利落摩登。

职场色彩攻略:白领着装中选择的亮色最好是纯色,并且饱和度较高,比如亮蓝、正红、明黄等,会让你看上去干练而朝气十足。假如不敢尝试太鲜艳的色彩,不妨在颜色的明度上做些文章,例如普蓝色、酒红色、姜黄色等。过于刺目的荧光色绝对是职场着装的禁区。

[进阶级　亮色点缀　细节游戏]

用亮色来为打扮做点缀，仿佛是人人都懂得的搭配法门。但让这些看似零散的小面积色块，既出尽风头、提亮全身，又不至于喧宾夺主，抢走所有目光，恐怕还是需要用些心思和技巧的。切忌简单粗暴地将亮色堆砌上身，穿得如圣诞树一般，反倒令职业形象大打折扣。

深灰色上衣与高腰半裙的搭配只能说是中规中矩；但在加上了蓝绿拼色的宽腰带和墨绿色丝袜后，感觉整个人都为之一振；再配合同一色系的宽手镯及大手袋稍作点缀及呼应，整身搭配充满亮点。

职场色彩攻略：点缀的亮色一定要掌握好出现在整身中的比例，而且假如是多点开花，更应做到错落有致、有节奏感，绝不只是简单的均分等大色块而已，也不要所有配饰都是一种颜色，总要留点透气的空间，营造一种平衡的美感。

[实战级　深浅同色系　层次美感]

很多人只喜欢一种颜色，最终把它变成自己的代表性颜色。只是深浅、样式的不同而已。不要单纯地以为只有黑色才是职场的永恒颜色，只要你愿意，别的颜色也可以成为自己专属的标志，并且比黑色更加令人喜欢。

从深蓝色的军装式外套、亮蓝色的丝缎上衣，到蓝黑条纹的半身裙，同一色系下的多种材质的组合，并不会令人感觉乏味，反而做足层次美感。军装外套与装饰有金扣的半裙在设计上稍作呼应，整身搭配风格更加统一。

职场色彩攻略：同一色系的搭配组合并不像想象中的简单，你需要对色彩之间的过渡、材质的反差，以及风格的统一有着良好的把控能力，比如深蓝与宝蓝的搭配显然要比深蓝与浅蓝来得自然，丝缎与毛呢的组合亦要比丝缎与雪纺更显稳重。

[骨灰级　大胆撞色　自信品位]

不管如何搭配色彩服装，切忌不要出现撞色的错误。职场服装本身颜色就很单调，搭配起来没什么亮点。饱和度和明度太高的颜色有哗众取宠的感觉，这并不适合于职场上穿，而色彩浓重些的衣服视觉感觉会很好，同时也给人稳重的感觉。

紫色备受宠爱，假如不想淹没在一片深浅紫色当中，就再加件黄色斗篷跟它冲撞一下吧，两者相遇所激发出的化学作用，绝对让你在人群中脱颖而出。再以金色饰物加以点缀，更显高贵气质。

职场色彩攻略：黄与紫、蓝与粉、红与绿，这些反差极大的色块要被和谐地搭配到一起，并不是件易事，尤其是对职场白领来说，掌握好色彩的组合和明度分外重要。假如你选择了明度较高的鹅黄色，那就最好搭配一只明度较低的宝蓝或深蓝色手袋。

职场着装得体，自然就会给自己增加分数。职场新人假如在着装颜色上有一定的把握，那无疑会使自己更加的亮丽干练。

健康，从良好的生活习惯开始

习惯就是人的一种行为倾向，是稳定的甚至是自动化的行为。健康的身体，需要健康、良好的生活习惯来支撑。尤其在职场，工作繁忙的时候，如果没有一个良好的生活习惯，将会严重威胁我们的健康。

提到良好的生活习惯，我们先说什么是不良的生活习惯。不良的，也就是不好的，影响我们身体正常机能和精神状态的习惯。比如通宵上网，白天睡觉，日夜颠倒，经常睡眠不足。或者经常参加应酬聚会，饮酒不节制。又或者长期抽烟，形成顽固性烟瘾。或者一日三餐不规律，饱一顿饥一顿，还暴饮暴食。又或者经常熬夜加班，又不注意补充营养。或者口出恶言，行为乖僻，纵情声色；又或是情绪压抑、多疑、悲观、暴躁，等等。

尤其是现代社会，随着生活质量的提高，业余生活和夜生活不可避免地成了人们生活的内容。上班疲惫了、累了，感觉太紧张了，下班后适当放松一下是必要的，但是很多人经常不加节制地长时间沉醉于娱乐场所之中，非但起不到文化娱乐的效果，反而会因精神状态一直处于兴奋状态，影响工作和学习，时间长了会使身体疲惫累积，使肌体能力和精力下降。还比如打麻将和玩扑克，本身是一种趣味性的娱乐活动，能增添乐趣，转移意念，排除寂寞，结交朋友，但是有很多人却不能控制自己，迷恋于牌桌，通宵达旦地玩。在长时间的高度思想集中和静止坐姿的情况下，使思维和身体处于紧张极限，使人精神恍惚，食欲减退，影响工作，影响身体。

另外，很多人在卫生方面也有很多不良习惯。病从口入，这是几千年来的卫生经验，除了不吃不清洁、腐败变质的食品之外，餐具的消毒和饭前洗手也是防止病毒细菌感染传播的一种十分简易和有效的措施。如果做到饭前洗手一次，有80%以上的接触性细菌可以得到预防，从而使身体不受病菌的侵袭。还有一些人有随地吐痰的习惯，随地吐痰易传播病菌，危害人的健康。痰应吐在手纸里或随身带的手帕上，并经常换洗手帕。不随地吐痰，不随丢弃遗物，是保障人们健康、优化环境、净化自身的文明行为。

以上这些在生活工作中的不良习惯，经常与我们为伴，如果不能改正，日积月累，必然会对健康造成损害。

俗话说，身体是革命的本钱。有些人出生的时候就满身的病，而我们却拥有一个健康的身体。如果因为后天养成的不良生活习惯破坏了身体，失去了健康身体本该拥有的东西，那会多么悔恨！可往往有太多的人，在身体健康的时候就有很多不良的生活习惯，久而久之失去了健康的身体，这才发现健康有多么重要。曾经读到一本书叫《感谢老天，我得了癌症》，光看书名，感觉莫名其妙，得了癌症还要感激？看了书这才恍然大悟，而且也忍不住审视自己。书中的主人公是一位罹患直肠癌的医生，他在书中讲述了如何走出彷徨与恐惧，悟出与癌共存之道，自创自然疗法，帮助更多癌症病人走出死亡幽谷的故事。作者之所以感恩自己得了癌症，是因为如果不是得了癌症，还不懂得要重视自己的身体，不知道要改变原来不健康的生活方式。可是，如果我们都等到身体出现病痛的时候才注意改变不良的生活习惯，那就有点晚了。影响人体的因素是十分复杂的，但增强人的体质的途径也有很多。先天遗传因素固然为体质强弱提供了可能性，但后天的影响，却是改变体质、增进健康的现实条件。我们立足于强调后天的机体可塑改造、启迪和鼓励人们去增强体质。未雨绸缪，何不在身体健康的时候，就从生活习惯开始注意。

良好的生活习惯，最基本的就是饮食起居。古人就提出："饮食节，则身利而寿命益；饮食不节，则形累而寿损。"节就是节制、适度。一日三餐在时间上、数量上都要做到定时定量。该进食的时候贻误了时间，或者饥饿时暴饮暴食，都会引起消化系统的紊乱，损伤胃脾。现代的上班族，早上为了多睡会觉，就免去了早饭；或者中午为了忙工作，免去了午餐；晚上同事聚餐，又大鱼大肉地吃。如此饱一顿饥一顿，对身体有很大的影响。

睡眠如同吃饭一样，必不可少。人生有1/3的时间在睡眠中度过，觉醒和睡眠、白天和黑夜是生物和自然的基本规律，它形成了人体的生物钟现象。长期睡眠不足，使肌体的生物规律受到干扰，人的生理功能将会出现混乱，神经系统失调，轻者学习和工作的能力下降，重者将导致全身性疾病。所以，睡眠也要保质保量。白天在工作的时候，人的大脑一直在运作，大脑经过紧张的活动，需要休息。我们该休息的就得让大脑休息。养成早睡早起的习惯，中午可以适当休息一下。尽量避免熬夜，如果必须熬夜，应该加强营养。当然，睡多了也不好，古有"久卧伤气"之说。有资料表明，成年人每晚睡觉超过10小时的人死亡率比睡7~8小时的高80%，而睡眠不足4小时的比睡7~8小时的人死亡率也高80%，可见只有适当的睡眠，才能有益健康，增进体质。

良好的生活习惯，也并不是通用的，有些要根据自己的体质，听取医生或有经验人的建议。除了本节开头那些坏习惯必须改掉之外，下面还有几个生活习惯的误区，应该加以注意：

饿了才吃。等我们感到饥饿的时候，胃口已经排空了，这时，胃黏膜就会被胃液"自我消化"，引起胃炎或者消化性溃疡，还能削弱人体的抗病能力。

渴了才喝。在我们感到渴了的时候体内已经是严重缺水了。每个成年人，每天需要1500~2000毫升左右的水。水不仅可以洗涤胃肠，还能帮助消化，促进食欲。调查显示，有经常饮水习惯的人，便秘和结石的发病率，明显低于不经常饮水的人。

累了才歇。人体过度的疲劳容易积劳成疾，使人体免疫能力降低，使疾病乘虚而入。

困了才睡。困倦是大脑相当疲劳的表现，不应该等到这时再去睡觉，按时就寝的好习惯，不仅可以保护大脑，还非常容易入睡，提高睡眠质量，减少失眠的发生。

急了才便。尿急才去上厕所，对健康是极为不利的。大小便在体内停留的时间长了，非常容易引起便秘，或者使膀胱过度充盈。粪便和尿液中的有毒物质，不断被人体重新吸收，非常容易导致"自身中毒"。

胖了才减。许多专家认为，导致肥胖的主要原因是进食过量、营养过剩和缺乏运动。与其在胖了之后，花费金钱和时间去减肥，还不如提前预防，可以控制和调整饮食，防止暴饮暴食，加强体育锻炼，等等。

改变不良的生活习惯，刻不容缓。养成良好的生活习惯，让疾病没有机会侵入我们身体。养成早睡早起、饮食有度、锻炼身体的好习惯，来保护我们原有的健康。让健康的生活方式时时刻刻陪伴着我们，让我们在事业路上更顺利！

快餐，几家欢乐几家愁

当今在国民经济高速发展的时代，生活节奏加快，为了节省时间，人们都喜欢吃快餐，名曰"速食"。这类人群集中在学生和白领上班族，尤其是上班族，他们在繁忙的工作中很难抽出时间自己做饭，几乎无一例外选择快餐。快餐解决了人们快速解决饮食的问题，但是却影响了人们的身体健康。合理的膳食是健康的基本保证，只要合理搭配，快餐也能吃出营养。

几乎每个上班族的办公桌旁，都有几份快餐店的菜单或者几个快餐店的订餐电话。他们坐在办公室里，只要打一个电话或者在电脑上、手机上发一个信息，提出要订一份餐，那么在很短的时间里就会有人把餐送到他们的面前，从而大大节省了时间。所以，快餐又称"速食"。快捷方便，非常省时间，大家就可以吃到嘴里，其核心是速度。速食食品包括方便面、燕麦、鸡汤等，还有肯德基、麦当劳等西餐。很多人把快餐带到办公桌上，一边吃，一边继续工作或者上网。

快餐如此受都市人群的欢迎，除了它"快"的优点之外，还有其他的好处。比如，快餐能及时补充能量。当人们感到需要进食之时，也就是需要能量的时候，就希望能马上进食，但一般的餐厅、茶楼、酒家，当你点菜后，通常都需要等一段时间才有食物供应，所以不易满足人体即时的需求。还比如，快餐注重色香味俱全，很容易刺激食欲。像煎炸及高浓度配料等，都是一些刺激食欲的食物的处理方法，对于忙碌工作中胃口欠佳的人们来说，是非常受用的。

为什么又说快餐影响人们的身体健康呢？我们先看快餐有何特点：

高油脂；

高盐分；

高糖分：无论冷饮还是热饮，都含大量糖分，加上汽水、雪糕类的甜品，更令食物糖分特高；

大量调味料：味浓可以刺激食欲；

低纤维的食物：使用低纤维食物，使人们进食过程不用太多的咀嚼动作，入口便吞下；

含较多的人工添加剂。

从以上快餐的特点看出，快餐营养结构不均衡，只注重肉类、糖类及油脂类供应，缺乏了蔬菜、水果、纤维质等。而维生素及矿物质等比较缺乏，所以会导致营养失衡。例如一份某快餐食品——汉堡、薯条、苹果派及奶昔，提供的能量为1.185~1.466千卡，其中脂肪提供的能量占总能量的40%~59%，而其维生素A、维生素C的含量不足膳食推荐标准的10%，维生素B1、维生素B2的含量也低于20%，且在绝大多数快餐食品中，钙、铁的含量低于膳食推荐标准的20%。也就是说，快餐食品并不能提供给人体充足的营养。

而且快餐以油脂及单糖类为主要的能量供应者，是极致浓缩的一类物质，所以可能轻易地吸取超过我们每日所需的能量。而油多如果又是动物性的，就含有太高的饱和脂肪，容易导致胆固醇过高，危害心脏健康。快餐的调味料都是很浓的，盐分含量很高，长久食用的话，身体健康肯定受损，只是危害并不明显，所以不为人所知。

现代都市里，快餐逐渐成为饮食的主流。速食人群在享受快餐速度快等优点的同时，快餐也在危害他们的健康。其实快餐本身并没有非常大的坏处，主要是吃快餐的速食人群"吃法"不健康。专家指出,"速食族"在饮食习惯上存在着三大问题:一是时间不规律。56%的白领和大学生偶尔吃早餐,58%的白领和大学生晚餐时间为19~21时,甚至更晚。二是饮食不科学。一味求速度,或者胡乱减肥,造成肠胃功能紊乱。三是经常以煎炸的"速食"食品为主,品种少,营养不全面。中华预防医学会副秘书长高峻璞说,如果选择的速食全都是油炸的,一份油炸的速食一天一个人所需要的热量非常高,整天吃这样的油炸速食会对人体带来一些影响,造成肥胖、高血脂,或者造成心血管疾病。

在都市上班族中,而今出现一个名词叫"快餐综合征"。什么是快餐综合征呢?就是人们长期使用快餐,一段时间后,他们便会觉得食不甘味,整天一到吃饭的时候就发愁,几乎没有什么可以引起食欲,吃进去的东西也感觉不出有什么特殊的味道,统统一个样。这是因为他们长期吃快餐,品种单一,营养不全,使舌头失去了敏锐的味觉,表现为咽痛、口臭、口腔溃疡、牙痛、痰多、腹胀、便秘、尿黄以及烦躁多梦等症状。快餐综合征,就是人们不懂得合理膳食的结果。

吃快餐也要吃出健康,这是合理膳食的要求。中国营养学会常务理事就指出食物没有好坏之分,个人饮食习惯却可分优劣,一个人的整体健康,取决于饮食是否均衡。对于速食人群来说,合理膳食的关键是掌握一定的营养知识,形成良好的膳食搭配习惯,并选择合适的速食产品。只要人们选择得当,针对其缺点而改善之,配合各种食物的组合,进食快餐也不是不可以的。

中式快餐方面,因为种类繁多,选择起来很容易。假如你要吃一顿马兰拉面,你会发现面中配有牛肉和香菜,那么最好再配一份什锦素菜,这样的营养就很不错;假如你要吃天津包子、小笼包子,那么最好再配一份素菜和一份粗粮粥;假如你想在超市解决,那么你可以买一罐八宝粥,一个豆沙面包,一个茶鸡蛋或肠类,再加一个水果。不论你以什么样的形式用餐,只要切记食物种类的合理搭配，并持之以恒，就能确保你长久保持营养平衡，身体健康了。

西式快餐方面，由于西式快餐注重烹饪工艺的标准化，同类饮食的热量、脂肪等含量比较接近，人们可以计算出一餐的总卡路里，量化地把握均衡营养。比如说，安排快餐时，恰当的分量，如使用盘子盛食物，五谷类应占一半，蔬菜1/3，蛋白质如肉类、鱼类和蛋占1/6左右。这样人体营养就会非常的平衡，不会出现某方面的缺失或多出。

吃快餐，关键在于合理搭配。比如，我们知道油炸食品的危害，它为人们提供了身体所需要的过量的脂肪，使人容易发胖，那我们在吃的时候可以通过调节吃快餐食品的次数，合理地与其他食品搭配，并加强运动来解决。

人体所需的营养来自食物，食物分为五大类，即谷薯类、蔬果类、肉蛋类、豆乳类、油脂类。营养能不能达到平衡要看每天摄入的食物，一个人每日摄入的食物种类最好包括这五大类。掌握好平衡的原则就是选择多样食物，而且食物要达到适宜的量。粮食类配以肉蛋和蔬菜或豆制品还有油脂，能使食物形成有主有副、有荤有素、有粗有细、有干有稀。比如上班族午餐吃快餐，要尽可能多地变换花样，不要为了图省事老是吃一种食物，有条件的可多食富含B族维生素及维生素C、维生素A和微量元素的食物，多喝水，也可选择一些清热的饮料如绿茶、菊花茶等，预防上火。

在选择快餐的时候，不仅要营养搭配尽量均衡，而且在选择吃什么的jfw时候也要讲究。拒绝多油多糖，太多油、太甜的食物都要适可而止或浅尝即止，不宜大量进食，否则会摄取过高的热量，危害身体健康。食物不要太咸，汤类含有很高的盐分，多用就不利于健康。一定要记住的是，要多吃水果，水果是快餐中比较缺乏的食物，可以考虑在快餐之后吃一个水果，如果太麻烦，可以饮鲜榨的果汁代替，既快捷便当，又有益健康。

针对快餐文化的危害，国外提倡一种新的生活方式——慢速生活，与此相应的有"慢食运动"。据了解，这种"慢食运动"，是由意大利的一位食品文章作者首先倡导的，他反对都市人流行的快餐速食，反对快餐，提倡都市人慢食的饮食观念，而且使用新鲜的当地农作物，用可持续发展的农场技术，来达到一种悠然的消费方式。他们还制作了慢餐标志，把慢餐标志里的"O"夸张成一只蜗牛形状，以此提醒人们坚持用蜗牛的速度去享受食品。这个倡导得到了很多人响应，国外很多快餐长期食用者都开始了"饭桌文化"。

　　总之，在快节奏的生活中，我们不能否认快餐的好处，但是也要认识到快餐的坏处。平时，尽量在有限的上班时间内完成工作量，空出时间去自己做饭，发扬我们国家传统的美食文化。如果不得不吃快餐，多为自己的身体着想，合理搭配快餐。记住，我们不是用健康来换钱，而再用钱去买健康，而是在饮食中获得最自然的健康。

上班族割不断的咖啡情结

咖啡是上班族办公桌上必备饮品之一，有的用咖啡来提升，有的用来休闲，有的已经成瘾。咖啡与上班族有割裂不了的情结。适量饮用咖啡，无疑对提高脑力和体力有一定作用，但是咖啡有一定的毒性。怎样喝咖啡才能起到积极作用，而不会影响健康呢？

现在，咖啡成了一种时尚饮料，咖啡馆越开越多，年轻人都喜欢去咖啡馆聚会，咖啡也成了不少家庭的必备饮品。职场上，咖啡在上班族的办公桌上也是随处可见。下午下班之后，还会约好友或要好的同事去咖啡馆悠闲一番。咖啡如此受欢迎，它肯定是有正面作用的。

1. 可以提神。

咖啡由于含有咖啡因，对人的中枢神经系统有明显的兴奋作用，并能促进血液循环，扩张血管，促进脑中的血液流通。因此，喝咖啡可以振作精神，增强思考能力，恢复肌肉的疲劳。伦敦有一项研究表明，与服用安慰剂、小睡片刻等方法相比，喝咖啡使研究对象在记忆力、专注力和推理能力测试中得分更高，工作中犯错更少。对于长期值夜班的人而言，工作间隙喝杯咖啡的提神效果与小睡一觉差不多。咖啡因不仅可以帮助这部分人群减少工作失误，还能降低发生交通事故和职场意外的风险。对医护人员而言，适量喝咖啡还可以避免发生医疗事故。

2. 有助于减肥。

适量地喝咖啡会加速新陈代谢、促进消化、改善便秘，并能够改善皮肤的粗糙现象。咖啡会加速燃烧卡路里，达到减肥的功效。办公室咖啡瘦身的最佳时间：在午饭后30分钟至1个小时内，品尝一杯浓郁的不加糖和伴侣的咖啡，有助于饭后消化，并促进脂肪燃烧。下班前，再喝一杯咖啡，并配合步行。

3. 改善眼睛干涩。

国外的报告指出：喝咖啡者罹患干眼症的几率，明显比不喝咖啡者低。这主要是和咖啡中的嘌呤成分有关（含嘌呤的滴眼剂，能刺激腺体分泌液体，对眼睛具有某种保护作用）。对于爱喝咖啡的电脑族来说，这当然是一个好消息。但要注意的是，咖啡本身具有利尿的作用，即使其中的一些成分具有保护作用，但对于已经罹患干眼症的人，以及有服用任何含有利尿成分药剂的人，必须禁止服用含咖啡因的饮料，以免加剧体内水分的流失。

4. 可以解痛。

一夜没有睡好所带来的头痛，或是太阳穴侧因血管收缩引起的疼痛，这些非器质性因素所引起的疼痛，都可以用咖啡来缓解，但必是在早上或是中午喝（注意：午后到夜晚禁用）。

咖啡对人体有益，所以才会成为流行的饮品。然而，适度饮用咖啡才会起到有益的作用，毕竟咖啡具有一定的毒性，过量摄入，又会给人体的生理功能如神经活动、血液循环、消化系统等造成障碍。一次若连续喝咖啡三杯以上，会出现情绪紧张、忧虑、呼吸短促等现象。如饮用十杯以上，则会引起中毒，出现头晕、耳鸣、血压上升、视物模糊、快速心率失常，严重者还会导致神经错乱、肌震颤等。咖啡因中毒的剂量一般为0.5~1克。健康专家建议那些喜欢喝咖啡的人和那些交际特多的人不要过多地饮用咖啡，以一天2至3杯为宜，从原则上来讲，不管哪一种刺激性饮料均以每天不超过3杯为佳。

饮用咖啡还要注意时间。最好在用早餐及午餐后，因为这样可以促进肠胃的蠕动，帮助消化，分解吃下去的高热量、高脂食物，也不会像空腹喝咖啡那样，对肠胃造成刺激。最好不要在晚餐后喝咖啡，怕会对睡眠造成影响。若是想靠喝咖啡熬通宵，可能会在不知不觉中喝过量，对身体不好。

咖啡还会影响人的心率、脉搏和血压，起着一种兴奋剂作用，使喝咖啡的心脏病患者发生心肌梗塞的机会增大。咖啡还能刺激胃黏膜和胃壁，导致胃溃疡病人胃穿孔。因此，患有心脏病、高血压、胃溃疡者，一般不宜饮用咖啡。

高血压者，不宜喝咖啡，尤其是在情绪紧张的时候。美国高血压杂志曾发表的一篇报告说，在情绪处于压力状况之下的时候，咖啡因会把血压推高到不利健康的程度。有家族高血压病史的人，也就是所谓的高危险群，在摄取咖啡因后，血压上升最多。一项研究显示，喝1杯咖啡之后，血压升高的时间可长达12小时。

除高压人群不宜喝咖啡之外，以下几种人群也不宜饮用咖啡。

肝病患者：喝咖啡会延长咖啡因在体内代谢的时间。一般正常的成年人咖啡因的代谢需要2小时，可是肝病患者或是肝功能不全者，咖啡因的代谢可能需4~5小时，因此肝病患者在喝咖啡时就一定要当心，最好不要在傍晚以后喝，以免因代谢时间长而影响睡眠，而且一天最好不超1杯。

孕妇：根据国际上早先公布的研究结果，孕妇如饮用咖啡或其他含咖啡因的饮料，容易流产，即使不流产，生产的胎儿体重也有可能较轻。然而，这个结果目前也有争议。瑞典研究人员最近获得的调查结果证明，孕妇少量饮用咖啡或其他含有咖啡因的饮料可能不会对胎儿造成什么危害。瑞典卡罗林斯卡医学院的研究人员是在对瑞典首都斯德哥尔摩附近乌普萨拉地区的900名产妇调查之后得出这一结论的。不过，大多数研究人员都承认孕妇不宜多喝咖啡。这主要是因孕妇对于咖啡因的代谢慢，咖啡因停留在体内的时间会延长，腹中的胎儿也要到八九个月的时候，才能通过新陈代谢，清除血液中的咖啡因。

发育中的儿童：他们的肝、肾的发育不完全，解毒能力差，使咖啡因代谢的半衰期会延长，所以一般说来，12岁以下儿童是禁止摄取咖啡因的。

对于上班族来说，下午时光，坐在电脑桌前，一边浏览文件，一边品尝咖啡，在轻松、休闲的气氛中进行工作，实在是惬意。只要遵循咖啡的健康守则，不能饮用的绝对不喝，不能过量的绝对不多喝，那我们紧张的上班也会变得如同和朋友一起喝下午茶一样悠闲，且高效率了。

运动,让身体穿上"防弹衣"

由于长时间坐办公桌,又面对电脑,很多上班族都患上了诸如腰酸背疼、眼睛干涩、腰腹部赘肉等职业疾病。很大原因就在于,这些上班族缺少运动。生命在于运动,健康则在于适量的运动,这是全世界都公认的。对于久坐办公室的上班族来说,应该多做运动。运动,比生病了吃任何药都管用。运动,能增强人体免疫力,让身体穿上"防弹衣"。

运动的好处很多。生理上,运动可以增加心肺功能,人寿命的长短,在一定程度上取决于心脏功能的强弱,取决于肺活量的高低(胸腔壁的扩张与收缩的宽舒程度)。爱运动的人心脏功能就强,肺活量就高,就能把身体的老化现象降低到最低程度。反之,心跳快的人由于心脏功能弱,排血量相对减少,老化程度就快。所以经常运动的人很少得心脏血管疾病。运动是控制体重最有效的方式,同时可以控制热量的摄取。女士们减肥,运动是最有效的方式之一。心理上,运动能调节人体紧张情绪,能改善生理和心理状态,恢复体力和精力;还能增进身体健康,使疲劳的身体得到积极的休息,使人精力充沛地投入学习、工作;另外,运动还有助安眠及消除压力。

缺少运动会导致各种疾病的发生。世界卫生组织估计,全球因缺乏运动而引致的死亡人数,每年超过二百万。任何一个人,如果他生了病,或是受了伤,不得不躺在床上,经过一段时间之后,他就知道他的肌肉会变得多么衰弱无力了。停止运用肌肉,会影响到骨骼、心脏及肺脏。

张平28岁，在广告公司做平面设计，长期坐在电脑前工作。工作比较忙，他除了周末，平时也没时间出去。

在一个周末，张平得知多年未见的大学同学来这个城市了，他便约了另外几个好友一起去打篮球。打篮球是张平最喜欢的一项运动，大学时期，他是系篮球队的主力队员。只是参加工作之后，由于工作忙，他很少参加运动，几乎没有摸过篮球了。

到了体育场，多年未见的朋友相见都非常亲热。加上又可以像大学时期一起打篮球了，大家都非常高兴。张平更是兴奋。一上场，他就感觉自己回到了学生时代。谁知道，刚上场没多久，他就被跳起的同学踩伤了脚，不能动弹。

张平被送到医院，经医生检查，他由于长期不运动，突然剧烈运动后遭撞击，造成跟腱断裂。

医学家经过研究，认为久坐会导致多种疾病。比如：

由于身体对心脏工作量的需求减少，可能导致心肌衰弱、心脏功能减退、血液循环变慢，从而引起高血压症，并为冠状动脉栓塞埋下病根。

痔疮。这是久坐造成直肠肛管静脉回流受阻，从而容易使血液瘀积，静脉扩张。

肌肉松弛、衰弱。这是由于久坐导致肌肉功能受到影响而引起的。同时，久坐会导致血液流量减少，肌肉供氧量不足，还会引起肌肉僵硬、酸痛，甚至萎缩。

久坐使全身重量都压在脊椎骨底端，压力承受面分配不均，会引起背部和腹部肌肉下垂，以致发生下背部肌肉疼痛和消化不良。

久坐使结肠蠕动减弱，大便在结肠中停留时间延长，致癌因子与结肠黏膜接触时间也相对延长，从而易患结肠癌。另外，防止疾病和癌产生的人体免疫细胞的数量，也是随着活动量的增加而增加的，久坐会妨碍免疫细胞的生成。

身体很多疾病，都是由于我们的不良习惯引起的。上班族经常以工作忙、空闲少等理由解释自己没有时间做运动。其实，这些都是可以克服的。对于上班族来说，专家建议，必须让运动成为习惯，将运动当作任务。

上下班时间，就是运动的好时机。大家可能听说过"走班族"这个新名词。说的就是很多上班族，每天步行上下班。在这些人中，有的人是因为单位离家近而步行上下班，也有的人纯粹是为了强身健体而步行。走路上下班有很多好处。

长期坚持步行上下班，可以使心脏得到一定的锻炼，同时促进胃液分泌，加快体内营养物质的消化和吸收；还可以减轻紧张和压力，使大脑思维活动变得更清晰、更活跃，提高白天的工作效率。调查显示，长期步行上下班的人，心血管疾病、血栓性疾病、慢性运动系统疾病的发病率都明显低于乘车上下班的人。对于女士来说，步行是有效的减肥方式。步行的时候，如果同时配合自然的呼吸，使身体的各部位都在自由舒展的情况下活动，这样，身体的各部位都能得到匀称发展，达到健美的目的。

步行上下班还是有方法的。一般来说，步行速度控制在中速偏快比较适宜。步行方式也要掌握好，两臂有节奏地向前后摆动，并加带胸廓的活动。用过餐后上下班，可以在步行的同时双手配合轻揉腹部，这样有助于加快消化和吸收，但注意步行速度不宜过快，且一定要沿直线行走。步行到单位之后，去洗手间洗洗脸和手，然后坐在办公椅上适当地将两腿向前伸直，双手轻轻拍打大腿肌肉并揉捏小腿部肌肉；晚上步行回到家后，可以在洗澡前先用热水烫脚，这样既可以加快整个下肢的血液循环，又可以使周身得到放松。

户外运动中，除了步行之外，周末或假期，上班族应抓紧机会参加乒乓球、羽毛球、游泳之类的运动。当然，上班族休闲时间不多，办公室也可以做运动。每当工作半个小时左右，就应该让自己起来休息一下。因为根据研究，人的注意力大约在半小时之后就开始减弱，这时适度的休息，不但可以让自己提升专注力，更重要的是可以让你离开一个已经持续很久的姿式。而休息的时候，就是把办公室变成健身房的最好时机。办公室内最好的运动就是伸展运动，因为一个姿势持续太久，肌肉就会疼痛、绷紧，这时候我们要把肌肉拉长，让它伸展、放松。以下有几种运动方式，可以做参考：

1. 骨盆倾侧：肚脐、骨盆往前倾，上背部挺直；接着肚脐向内收、骨盘向后倾，重复该动作10次。这个动作可以增加腰部活动，减轻腰部酸痛。

2. 肩膀滚动：双手放松，肩膀向后转5圈，向前转5圈；进阶动作可将双臂伸直，向后、向前各转5圈。肌肉紧绷的人可以借此放松肩颈部肌肉，有效减低肩颈的酸痛。

3. 椎体扭转：双腿交叠，双臂弯曲至肩膀高度，上身左右交替扭转5次，双腿交换位置，重复一遍。这个动作可以活动背部关节，透过伸展动作放松背部的紧绷肌肉，增进脊椎活动度，还可修饰腰部线条。

4. 侧弯：双腿分开与肩同宽，双手或单手置于头上方，向一侧弯腰，保持下半身挺直，维持10秒，两边各做5次。这个躯干伸展动作，可放松背部与腰部肌肉，还可扩大胸部的呼吸空间，让呼吸更顺畅。

5. 胸肌伸展：双手交叉于背后，两肘靠向脊椎，手臂上拉，保持下巴内收，紧缩腹部，维持10秒，然后放松，重复5次。这个动作可放松胸部前侧肌肉，让呼吸更顺畅。

6. 胸背伸展：双腿分开站立，背部与墙壁约一个前臂的距离，慢慢向一侧扭转，直至双手平放在墙上，保持双膝面向前方，维持30秒，然后换另一边，重复5次。这个运动可以伸展背部与腰部，减缓腰酸背痛现象。

7. 前臂扭转：前臂弯曲90度，将一手肘放在另一手肘上，轻轻扭动前臂，使双手手指紧握,放松肩膀,尽量将双臂往上推,维持10秒,重复5次,然后交换手肘位置,重复动作。这个运动可以伸展上背部肌肉,促进呼吸顺畅。

8. 收腹抬腿:双手掌心放于座椅上,使下背部成拱形,圆曲着肩膀,下巴往胸膛收拢,抬起双脚,两腿收拢,维持5秒,然后双腿放回地面,重复5次。这个动作可以训练腹肌,强化腰部稳定度,增进脊椎关节活动度,预防腰部酸痛。

我们可根据自己的时间和办公室的空间来选择适合自己的运动方式。不要在事业还没有成功之前,就得了一身的"职业病"。所以,平时在办公室里只要坚持做一些简单的运动,上班族也能拥有健康的身体,从而提高工作效率。